武威地名的历史传承与文化内涵演变

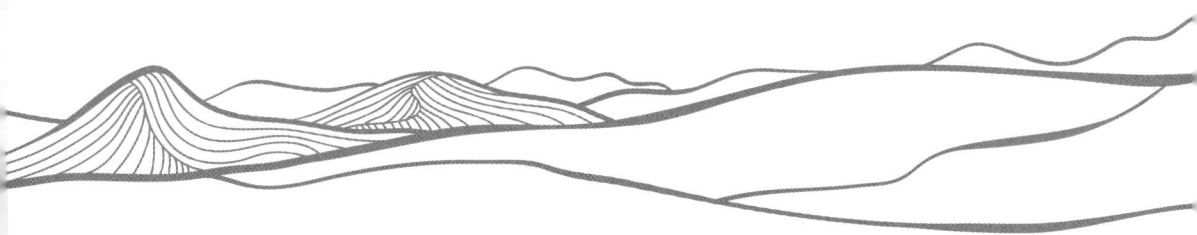

许振明　张长宝　著

读者出版社

图书在版编目（CIP）数据

武威地名的历史传承与文化内涵演变 / 许振明，张
长宝著. -- 兰州 ：读者出版社，2023.10
ISBN 978-7-5527-0774-8

Ⅰ．①武… Ⅱ．①许… ②张… Ⅲ．①地名—介绍—
武威 Ⅳ．①K924.23

中国国家版本馆CIP数据核字（2023）第213857号

武威地名的历史传承与文化内涵演变

许振明　张长宝　著

责任编辑　张　远
装帧设计　雷们起

出版发行　读者出版社
地　　址　兰州市城关区读者大道568号（730030）
邮　　箱　readerpress@163.com
电　　话　0931-2131529（编辑部）　0931-2131507（发行部）

印　　刷　甘肃发展印刷公司
规　　格　开本 787 毫米×1092 毫米　1/16
　　　　　印张 13　插页 2　字数 230 千
版　　次　2023 年 10 月第 1 版
　　　　　2023 年 10 月第 1 次印刷
书　　号　ISBN 978-7-5527-0774-8
定　　价　58.00元

《凉州文化丛书》（第一辑）
编撰委员会

主　任：李兴文

副主任：董积生　张国才

委　员：刘玉顺　魏学宏　席晓喆　郝　珍　李元辉

主　编：魏学宏　张国才

副主编：席晓喆

编　委：（以姓氏笔画为序）

王丹宇　刘茂伟　刘徽翰　许振明　杨　波　杨琴琴

吴旭辉　宋文姬　宋晓琴　张长宝　张博文　郑　苗

赵大泰　贾海鹏　柴多茂　海　敬　寇文静

总　序

　　武威，古称凉州，是国家历史文化名城、中国优秀旅游城市、中国旅游标志之都，历史文化底蕴深厚。早在五千多年前，凉州先民就在这里生活繁衍，创造了马家窑、齐家、沙井等璀璨夺目的史前文化；先秦时期，这里是位列九州之一的雍州属地，也是华夏文明与域外文化交流的重要通道；两汉、魏晋南北朝、隋唐、西夏等时期，是凉州文化形成与发展的几个重要阶段；明清时期，文风兴盛，是凉州文化发展的黄金阶段。在历史的长河中，以武威为中心形成的凉州文化，在中国文化发展史上留下了辉煌灿烂的绚丽篇章，形成了厚重的文化积淀和多彩的文化形态，并在今天仍然有深远影响。中国社会科学院古代史研究所所长、研究员卜宪群先生谈到："广义的凉州文化指整个河西地区的文化，凉州文化的研究可将武威及其周边的文化辐射区包括在内。""凉州文化在中国历史上占有重要地位，为中华文化的多样性做出了贡献，也为统一的多民族国家形成做出了贡献。"

　　"关乎人文，以化成天下。"高质量经济发展离不开高质量文化建设。习近平总书记指出，要大力挖掘、传承、保护、弘扬传统文化，揭示蕴含其中的文化精神、文化胸怀，坚定文化自信。凉州文化是中华优秀传统文化的重要组成部分，以其特色鲜明、内涵博大而熠熠生辉，在当前文化强省建设中发挥着重要作用。凉州文化之于武威，是绵延悠长、活灵活现的一种文化形态，是推动武威不断发展的力量源泉。武威市凉州文化研究院在文化研究工作中，始终正确把握传承和创新的关系，深入挖掘优秀传统文化，结出了累累硕果。我多次去武威考察，与当地领导和专家学者交流较多，深感武威市各界对凉州文化的无比自豪和高度重视。为推动历史文化推陈出新、古为今用，以文塑旅、以旅彰文，加快文化旅游名市建设，武威市专门成立了武威市凉州文化研究院，给予编制、经费等方面的大力支持。武威市凉州文化研究院起点高、视野宽，以挖掘、开发、研究、提升为重点，制定了长远翔实的研究计划，开展了一系列卓有成效的学术交流工作。如与中国社会科学院古代史研究所深度合作，举办高层次的学术研讨会，深入挖掘凉州文化的价值，取得了诸多学术成果；与浙江大学、兰州大学、西北师范大学、甘肃省社会科学院等高校和科研机构合作，从多方面研究和传播凉州文化，持续扩大凉州文化的学术影响力，社会反响热烈。

近日，武威市凉州文化研究院的张国才院长给我寄来《凉州文化丛书》（第一辑）的书稿，委托我为这套丛书作序。出于他及其同事们精益求精、一丝不苟的治学精神和对弘扬凉州文化的深厚情怀和满腔热情，我便欣然应允，借此机会谈一些自己阅读书稿的体会。

一是丛书的覆盖面广。《凉州文化丛书》（第一辑）选取武威具有代表性的特色文化，从不同角度阐释凉州文化的丰富内涵和独特魅力。《武威地名的历史传承与文化内涵演变》通过研究分析武威地名形成的自然环境、制约因素、内在规律、文化成因等，考证其背后的历史文化，讲述地名故事，总结武威地名的历史变迁、命名规律等，对促进武威地名文化遗产保护，推动武威地名文化深入研究，进一步提高武威地名文化品位，彰显凉州文化魅力，具有积极的作用。《古诗词中的凉州》选取历代诗人题写的有关凉州的边塞气象、长城烽烟、田园风情、驼铃远去、古台夕阳等诗歌，用历史文化散文的形式解读古诗词中古代凉州的政治、经济、军事、历史、文化等，把厚重浩繁、博大精深的咏凉诗词转化为一篇篇喜闻乐见、通俗易懂、轻松活泼的文史散文，展现诗词背后辉煌灿烂的凉州文化。《汉代武威的历史文化》既有汉代武威地区的自然地理、行政建制、军事防御、物质生活、精神生活、社会发展，也有出土的代表性简牍的介绍及价值评说。借助历代典籍和近现代学者的相关研究，力求还原客观真实的武威汉代历史文化。在论述时，尽量采取历史典籍和出土文物、文献相结合的方式，深入挖掘武威出土文物背后的故事。《武威长城两千年》聚焦域内汉、明长城遗存，从自然地理、生态环境、军事战略、区域文化等方面进行了解读，既有文献史料的梳理举隅，也有田野调查的数据罗列，同时结合国家文化公园建设，就武威长城精神、长城文化遗产保护利用等作了阐释，对更好挖掘长城文化价值、讲好长城故事、推动长城文化资源"双创"有所裨益。《武威吐谷浑文化的历史书写》在收集、整理吐谷浑历史资料和最新研究成果的基础上，以吐谷浑的来源、迁徙及其政权建立、兴衰和灭亡为主要脉络，探讨吐谷浑在历史上与武威有关的内地政权的关系，进而研究吐谷浑的政权经略、文化影响及历史作用，重点突出，视野宏阔，这种研究对于铸牢中华民族共同体意识是十分必要的。《清代凉州府儒学教育研究》以清代凉州府的儒学教育为研究对象，既有对凉州府儒学教育及进士的概括性研究，也有对凉州府进士个体的研究，点面结合，"既见森林，又见树木"，使读者获得更为丰满的凉州府进士形象。通过一个个活灵活现的人物形象，更加生动具体地揭示了当时儒学教育的样貌。《武威匾额述略》主要从匾额的缘起流变、分类制作入手，并对武威匾额进行整理研究，全面分析了武威匾额的艺术赏析、价值功能，生动诠释了武威深厚的历史文化内涵及其蕴含在匾额中的凉州文化，是我们走进武威、打开武威历史的一把重要钥匙。《清代学人笔下的河西走廊》选取陈庭学、洪亮吉、张澍、徐松、林则徐、梁份等十位学人，通过钩沉其传记、年谱、文集、诗集等相关史料，在前人研究的基础上，重点反映清代河西走廊的地理、历史、人文、民俗等，展示了一幅河西走廊多民族交往交流交融的历史画卷。《河西历代人口变迁与影响》对河西历代人口数量等方面进行考察，阐述历史时期河西人口与政治、经济之间的动态关系。《河西生态变迁与生态文化演进》以河西地区生态变迁较为突出的汉、唐、明清时期为主要脉络，采用地理学、考古学、历史学、生态学等学科相结合的研究方法，对河西地区历史时期的生态变迁、生态文化演进做了全面的研究。阅读这十本书，既能感受到博大厚重的凉州文化，又能体会到凉州文化的包容性、多样性的特征。

二是丛书的学术价值高。《凉州文化丛书》（第一辑）各位作者在前期通过辛勤的考察调研，搜集了大量的资料，然后根据实际需要开展研究性撰写，既吸收了前人的研究成果，又融入了自己的观点，既体现了历史文化的严谨准确，又对其进行创新性、前瞻性解读，思考的角度也有所不同，研究的方法也有新的突破。此外，丛书中的每一本书都由武威市凉州文化研究院与甘肃省社会科学院的研究者合作完成，在专业、学术、研究、视野、资料搜集等方面具有互补性，在撰写的过程中互相探讨交流，无形之中提高了丛书的质量。因此整套丛书无论从研究深度，还是学术价值，都比以往研究成果有新的提高。有些书稿甚至让人眼前一亮、耳目一新，颇有不忍释卷之感。

三是丛书的可读性强。《凉州文化丛书》（第一辑）注重学术性和资料性，兼顾通俗性和可读性，图文并茂。在进行深度挖掘、系统整理的基础上，又对文化展开解读，符合当下社会各界的文化需求，既方便专业研究人员查阅借鉴，也能让普通读者也喜欢读、读得懂，对于普及武威历史、凉州文化，提高全社会的文化自信等，具有重要的作用和意义。

编一套丛书，实不易也。武威市凉州文化研究院以初创时的一张白纸绘蓝图，近几年已编撰出版各类图书二十多本种，每一种都凝聚着凉州文化研究工作者的心血和汗水。几载光阴，他们完成了资料的整理研究，向着更为丰富、更加系统的板块化研究方向迈进，这又是多么可喜的一步。这十本书，正是该院与甘肃省社会科学院紧密合作，组织双方研究人员共同"探宝"凉州文化的有益之举。幸哉，文史研究工作，本为枯燥乏味之事，诸位却在清冷中品出了甘甜，从寂寞中悟出了真谛，有把冷板凳坐热的劲头，实为治学之精神，人生之追求。

《凉州文化丛书》（第一辑）是武威市凉州文化研究院的阶段性成果，集中展示了武威市凉州文化研究院学术研究成果，值得庆贺！希望武威市凉州文化研究院以此为契机，积极吸收最新的学术研究成果，从西北史、中国史、丝绸之路文明史的大视野来审视凉州文化，多出成果，多出精品，为凉州文化的传承发展做出更大的贡献。

是为序。

田　澍

2023 年 8 月 31 日于兰州黄河之滨

田澍，西北师范大学副校长、教授、博士生导师，中国历史研究院田澍工作室首席专家，《兰州通史》总主编。

序

　　党的十八大以来，习近平总书记多次强调要传承和弘扬中华优秀传统文化，他指出："中华文明源远流长，蕴育了中华民族的宝贵精神品格，培育了中国人民的崇高价值追求。自强不息、厚德载物的思想，支撑着中华民族生生不息、薪火相传。"2012年12月，习近平总书记在广东考察时强调："我们决不可抛弃中华民族的优秀文化传统，恰恰相反，我们要很好传承和弘扬，因为这是我们民族的'根'和'魂'，丢了这个'根'和'魂'，就没有根基了。"这是从关系中华民族兴衰成败的高度，对传统文化在民族延续和传承发展中的重要地位和作用的总体判断。

　　地名文化是传统文化的重要组成部分。地名文化，就是地名中蕴含或体现的人们在社会实践过程中所获得的物质的、精神的生产能力和创造的物质财富和精神财富。地名文化包括了地名语词文化和地名实体文化两个层面，既是一种文化形态，同时又是文化信息的载体，是人类文化遗产的重要组成部分。联合国第五届地名标准化会议6号决议指出："地名是民族文化遗产。"联合国第六届地名标准化会议9号决议又指出："地名有重要的文化和历史意义，随意改变地名将造成继承文化和历史传统方面的损失。"

　　我们在传承传统文化时，需要"取其精华，去其糟粕"，开展地名文化研究同样如此。我们所要研究和传承的是集聚了人类的智慧，蕴藏了各个时期的历史、地理和人文信息，构建了独特的识别和交往文化，记录着我们生活轨迹，见证了历史，回忆着乡愁，维系着我国文化身份和文化主权，联结着民族情感，传承着历史文脉，赓续着中华文化基因的先进地名文化。

　　在地名文化系统中，各地地名有着各自不同的构成和特色，反映了各地不同的文化底蕴。位于省内中部、河西走廊东端的武威，是一个多民族聚居的区域。多民族融合所形成的生产活动、文化心理、社会历史和风俗习惯，使武威地名的冠名方式、内涵及其地名的语言特征具有了比较鲜明的地域性与民族特色。对武威地名的历史传承及文化内涵演变的研究，亦是对文化语言学研究的深入与拓展，它可为西部地区地名文化研究提供较系统的理论依据，对促进西部民族地区文化建设起到积极的推动作用。

地名本身既是历史变迁的记录，亦是经济、文化、社会、生态发展变化的印记。对这些地名文化的起源、语词特征、语义演变、分布规律等，还有进一步研究和探讨的空间。

《武威地名的历史传承与文化内涵演变》立论严谨、结构合理、考证细致，历史与现实结合，把地名与地名文化、地名文化内涵和价值深入而丰满地展现在读者面前。全书文笔流畅，文风朴实，考证有据，体现了作者既能继承传统，又能创新的求实学风。

目　录

第一章

地名概述

地名是人类社会发展的产物，是地域的标志，是重要的文化形态和载体。地名承载着人类文明的发展史，是一个民族历史的见证、文化的记忆。关注地名由来，开展地名研究，加强地名工作科学发展和地名文化建设，对维护国家主权、统一和领土完整，发展社会主义先进文化，弘扬中华优秀传统文化，满足人民群众生活需要等都具有重要意义。

第一节 地名的概念及其特点

一、地名的概念

"地名"一词最早出现于《周礼·夏官司马第四》:"原师掌四方之地名,辨其丘陵、坟衍、原隰之名物之可以封邑者。"[①]《周礼》中原师所掌管的"地名"并不是我们现在理解的广义上的地名,而是具体的丘陵、坟衍、原隰的名字。《周礼·夏官司马第四》中还有"山师掌山林之名""川师掌川泽之名",这里的"山林之名""川泽之名"指山林和川泽的名字,和原师掌管的"地名"应属于并列关系。由此可见,"地名"这个概念的内涵在早期并没有现在这样丰富。直到东汉、两晋时期,"地名"这一概念才和今天基本一致。

著名地理学家曾世英先生给"地名"这个概念下定义:"作为泛称,地名就是地方的名称;作为专指,每一个地名都是人们对地理环境中具有特定位置、范围及形态特征的地方所共同约定的语言代号。"[②]地名作为人们共同约定的语言代号,开始是以音表义,文字产生后,地名的准确性和稳定性进一步提升。但总体而言,地名受到地理环境变化、政权更替、人口迁徙以及当地经济社会发展等因素影响,在历史演进的过程中不断发展变化。

我国对地名的研究由来已久。二十四史中有十六部《地理志》,唐代《元和郡县制》、清代《嘉庆一统志》《西域同文志》等均是地名研究方面的专著。全国各地卷帙浩繁的地方志,对当地的地理环境变迁、社会历史发展、行政区划变更等都有详细的记载,则为地名研究提供了丰富的资料。

---

① (西周)姬旦著,钱玄等注译:《周礼》,长沙:岳麓书社,2001年7月,第313页。
② 褚亚平主编:《地名学论稿》,北京:高等教育出版社,1986年,第7页。

二、地名的特点

（一）区域性

地名作为一个区域的指称，常常受该区域地理环境、人文历史的影响，呈现出较为明显的区域特征。具体表现在以下几个方面：

首先，我国疆域辽阔，地理环境复杂多样，各种地形地貌的区域性分布使地名具有区域性。例如，"兴安"在满语中是"丘陵""山地"的意思，在"大兴安岭"这个地名中，"兴安"也被解释为"极寒之地"，这个词就成为东北高纬度、高海拔地区特有的地名词；"乌鲁木齐"在蒙古语中意为"优美的牧场"，是草原地区特有的名称；福建、广东一带多红土，地名中多含"赤""红""丹""朱"等字，如福建省赤水镇、广东省赤溪镇等；黄土高原地区受黄土直立性、湿陷性影响，出现很多独有的地形，比如四周陡峭、顶部平坦的高原叫"塬"，顶部浑圆、斜坡较陡的丘陵叫"峁"，呈长条状凸起的丘陵地带叫"梁"，而这些字也常用在地名中；海南地区的地名通名多为岛、礁、暗沙等；在河网纵横的冲积平原带，如长江三角洲，有一种胡同式的小河叫"浜"，最著名的地名为"沙家浜"，沙家浜所在的常熟市带"浜"字的地名有几十处。除上述地形区域性分布会直接影响地名命名外，不同地形也会间接影响区域内地名的命名规则。平原地区地形简单，以家族为单位的聚落会逐渐向外扩张，形成集中、连片的村落，以姓氏或数字编码的地名常出现在这种地方，如吉林省榆树市，像"林家""夏家""孙家"以姓氏命名的村子有30多处，"头号""二号""三家""八户"等以数字编码命名的村子同样有30多处；丘陵地带人群分散，因此以小地形命名能够更好地确定方位，如江西省赣州市兴国县，村名中带"溪"字的有30处，带"坑"字的28处，带"岭"字的17处。

第二，方言的区域性分布使地名具有区域性。相同的地物在不同地区常有不同称呼，例如：同样是四周陡峭、顶部平坦的山地，山东一带称"崮"（如蒙阴县与沂南县交界处的孟良崮），黄土高原地区称"塬"（如庆阳市、平凉市所在的董志塬）；浙江、福建一带称山间平地为"垟"（如温州市东南部大门岛，也叫黄大夼），云南、贵州一带则称为"坝子"（如滇池坝子、陆良坝子）。

地名中还有一些特殊称谓属于"地方特色"，如东北地区多见以"窝棚""马架"命名的村落，这是其他地区少见的通名，反映了清朝"围场"的没落。近代以来，随着清政权逐渐衰弱，皇家贵族对东北一带的"围场"逐渐无力掌控，周围的百姓陆续到原本封禁的猎场私垦。他们联亲而居，在荒郊旷野搭起临时住房，"窝棚""马架"就是这种住房的称谓。有些临时性住所连成片区，后来发展成村落，但仍保留了原始的地名。比如黑龙江省肇源县张家窝棚，即清顺治年间，有户张姓人家移居于此而得名。

第三，受经济发展、文化渊源影响，地名分布具有区域性。在交通要道上，多有含"关""桥""渡""港""津"等字的地名，如山海关、茅津渡、连云港等；在商业发达的地区，常见含"镇""店""集"的地名，如景德镇、驻马店、李集；同是村落名称，在经济发达的地区，以各种人工建筑设施命名的地名较多，而在经济发展较慢的地区，则多以自然地理实体命名。由于历史上文化发展不平衡，即使在同一地区，地名的区域性也很显著。文朋陵曾对苏北地区的一万多个村镇名进行统计、分类，归纳出以下几个地名区：第一，苏北平原地带（沿江、沿海处除外）有大量以"庄"命名的村镇。"庄"是我国北方村镇中常见的通名，封建时期皇家贵族、豪门大户以及寺院等占有和经营成片土地，这种成片的区域就称为"庄"。苏北平原成陆和经济开发都较早，和北方地域相连，中间没有复杂地形阻隔，因而受北方文化影响较大，"庄"的大量出现正是北方文化通过语言媒介在村镇命名上的有力反映。第二，沿海一带的村镇多以盐业组织、工具、设施命名，地名多包含"场""团""灶""佗""仓"等字。第三，长江沿岸村镇以"圩""堡"命名的居多，这主要源于江岸成陆的围垦农业。第四，淮南、淮北成陆时间不同，经济形态不同导致地名命名产生区别，淮北成陆早，以小农经济属性为主的"集"多用于地名；淮南受海潮影响大，成陆史较短，受到江南近代工业和商品经济影响，市场规模较大，所以以较大规模的商业集散属性的"镇"命名的地名较多。①

（二）民族性

一个区域内生活的族群也会对地名产生影响。以我国为例，我国是多民族国家，各个地区的地名都是各民族人民根据本民族的族群特性、风俗习惯，用本民族的语言文字给这一地区的各种地物赋予的指代符号。因此，地名具有显著的民族特性，地名的民特性使地名变得丰富多彩。

我国的地名按民族语言可粗略地分为六大地名区：汉语地名区，新疆一带的维吾尔语地名区，内蒙古、东北三省西部、宁夏、甘肃和青海北部一带的蒙古语地名区，西藏、青海南部、四川西部一带的藏语地名区，云南西双版纳一带的傣语地名区和广西一带的壮语地名区。各语言地名区中的地名受民族语言文字的读音、结构影响，显示出很大的差异性。同样是山，维吾尔语称"tagh（塔格）"，蒙古语称"uul（乌乐）"，藏语称"ri（日）"。而少数民族语地名在转译为汉语地名时，往往在语音上有所改造，如藏语"Lhasa"，因为汉语没有清齿龈擦音"Lh"，就改读为"Lasa"，写作"拉萨"。另外，汉语地名习惯用双音节词语称说，少数民族语地名如果是多音节的，译成汉语时则被简化或形变成双音节词，以新疆的地名为例，"哈密"来源于"哈勒密勒"，"塔城"来源于"塔尔巴哈台"，"喀什"来源于"喀什喀尔"。在结构上，地名一般是专名在前通名在后，而傣语和壮语地名则正好相反，傣语"励满"、壮语"弄怀"，按汉语语序应为"满励""怀弄"，这里的"励""弄"都是指山间的小块平地。

地名显示出不同民族的特征。藏族人多信仰佛教，地名中多出现"天""神""圣""庙"等意象，如"拉萨"意为"圣地"，"唐古拉"意为"光明神"。蒙古族在历史上以游牧业为主要经济产业，习惯以一地的自然地物命名，并对该地的地貌、水文、植被等自然条件加以细致区分。例如，同样是河流，

---

① 文朋陵：《聚类分析在地名研究中的应用初探——以苏北村镇命名类型区域划分为例》，《地名学研究文集》，沈阳：辽宁人民出版社，1989年，第72—84页。

水量丰富的叫"木伦",季节性河流叫"郭勒";同样是平原,沙碛平原叫"夏拉",水草平原叫"塔拉",地势较高的平原叫"锡林"。

一个地区有多种民族语言地名反映出多民族共居的客观事实,随着各民族的接触和交往,地名中常常出现大量借词并带有民族融合的痕迹。例如,经过许多专家考证,汉语中的"胡同"大约在元代以后才出现。根据张清常教授的研究,"胡同"应是北方少数民族"水井"的借词,蒙古语、突厥语、维吾尔语、鄂温克语、满语等"水井"的发音大致为"huto"。[①]民族融合的地名在多民族共居的地区十分明显,如"大布苏泡(汉蒙结合)"、"灰慕洞屯(汉朝结合)",又如云南思茅的那落箐河,"那落"是壮语,"箐"是苗语"大竹林","河"是汉语,说明其地有壮族、苗族、汉族三族杂居。除此以外,也存在两种语言在融合过程中,其中一种语言通行,另一种语言逐渐消亡的情况,满语就是典型例子。清政权的建立代表着满汉民族融合的开始,在此过程中,为满足巩固政权与自身发展需要,满族人入关分散至全国各地,与此同时大批汉族人口迁移至东北地区,使满族政权不断汉化,反映在地名上则表现为满语地名逐渐向汉语地名转化,其中意译的地名多湮没于汉语地名中,某些与汉语语音相同或相近的地名则被音译,多半谐音附会成汉语的意思,从字面上很难看出是满语地名。例如,吉林省梅河口市的梅河,是满语"美赫河"的音译,原义是"蛇";黑龙江省鹤岗市梧桐河,是满语"乌屯河"的音译,原义是"槽盆";流经黑龙江省尚志市,延寿县、方正县的蚂蚁河是满语"玛延河"的音译,原义为"肘";黑龙江省绥化市,满语原义为"安顺吉祥"。

(三)稳定性

地名的稳定性可以理解为地名的寿命长短。地名的寿命往往不仅比人的寿命长数倍、数十倍、数百倍,甚至比创造它的民族和最初定义它的语言更能"延年益寿"。不少山河湖海的名字,寿命之长达到惊人的程度。尽管沧海桑

① 张清常:《释胡同》,《语言教学与研究》,1985 年第 4 期,第 108—116 页。

田，地名始终保持着旺盛的生命力。

地名的稳定程度与所采纳的命名理据有密切关系，一般来源于自然地理特征和历史、民间传说的地名寿命较长。自然界的山、水等地理实体变化较小，很少受到政权变革的影响，那些以自然地理实体命名的人文地理实体的名称也因此相对稳定，而历史事件和民间传说是深深扎根于人民群众的，不易受到改朝换代的影响，如人们用来命名的民间传说或寄托人们对美好生活的向往，表达一种理想和追求；记录劳动人民同大自然作不屈不挠的斗争，开拓、美化家园的历程；或反映劳动人民勤劳、朴实、善良的优秀品质和青年男女反对包办婚姻的气概。这些故事源于民间，流传和发展于民间，为广大群众所喜爱，来源于这些故事的地名就比较稳定。

地名的稳定性还在于地名是用语言来表现的，而任何语言都存在保守性，这种保守性是由社会传统或社会习惯所导致的。一个地名一旦约定俗成被普遍称呼之后，就具有相对的稳定性，然而它所指称的地理实体往往会发生变化，这便出现了"名不副实"的情况。例如，"石家庄"已成为一省的省会城市，东北地区的"郑家屯""苏家屯""郭家店"也已发展成城镇，原来"屯""店"的陈迹早已消失，但至今仍在沿用以前指示几户人家或一处小店的地名；"五块石""三棵树""野猪河""王府井""瓷窑村"这些以地物、地产命名的地方，当初命名时的地物、地产可能已不存在，但地名仍在沿用。类似地名还有很多，人们并没有因为地名的含义欠妥而更改它，历史证明，只有那些从大多数人的感情、观念、利益来看带有明显滞后性的地名，且到了非改不可的地步，才会相继得到更改。

（四）时代性

地名是人类社会发展到一定阶段的产物，并随着时代的发展而发展，一些地名具有鲜明的时代色彩。地名的时代色彩是社会历史发展变化的投影，是时代风貌的凝结。

封建社会时期，儒家思想占统治地位，"忠""孝""仁""义"既是伦理概念，又是政治概念，如"忠县""孝县""仁化"等；"镇西""平彝""定远""靖边"等地名反映出封建统治者对边疆地区的少数民族采取比较强硬的政策；"安""宁""永"等则体现出封建统治者希望自己能够长治久安，如"长安""宁县""永兴"；还有以皇帝年号命名的地名以及避讳的地名，都是封建君主专制社会的产物。清朝晚期，清政府腐败无能，帝国主义对我国地名妄加更改，出现了一大批带有殖民性质的外来语地名。民国时期，"三民主义"盛行，地名中充满了当时的时代气息。如长春市有民权广场、民生广场，河南省有自由县、平等县等。新中国成立初期产生的地名，如红旗乡、建国乡，解放大道、工农路等也打上了时代烙印。改革开放以后，地名受到新的时代精神的号召，反映经济建设、强国富民的词汇在地名中脱颖而出，如深圳市的街道名有"东昌""东盛""华强""华富"等。

一地地名诞生后，作为该地的指称而被长期传播，除了较强的稳定性，还具备历史传承性。地名并不是在每个时期都会全部更新，其中大部分会传承沿用，仅有少量地名会发生变化。由于地名这一特征，使当地大量自然、人文信息得以保留传承。

三、汉语地名的特点

李如龙先生指出："不同民族有不同的语言，其地名的语词结构和语词系统也有各种差异。"[①]汉语地名主要有以下三个特点：

首先，中华民族历史悠久，古今汉语地名数量庞大，各种词汇、语法结构的地名层出不穷。

其次，我国是多民族国家，由于各民族的历史迁徙和长期融合，不少地方在不同时期居住着不同民族，因此有些地名虽然是汉字，实际上却包含着不同民族的语源。

① 李如龙：《汉语地名学论稿》，上海：上海教育出版社，1998年。

最后，汉语方言种类多、差异大，大量地名都是以方言形式存在和传播的。与此同时，长期以来所使用的汉字是各个方言区统一使用的，语言和文字不完全匹配造成地名音形义的错位现象。

第二节 地名是一种语言符号

地名是一个地理实体的专有名称，属于语言词汇的组成部分。地名语词是语言中数量庞大的专有名词，作为语词，地名也有自己的含义和构词方式，有自己的语音和文字形式。

一、地名的含义

地名语词的含义由基本义和附加义构成。基本义是地名所指称的地理实体的位置、范围和类型，包括地域的指称和位次。附加义包括特征意义和命名意义。特征意义来自该地的特殊地理景观、经济文化生活、历史人物事件，命名意义则反映人们对该地的地理特征的认识，反映该地人文历史现象，寄托人们的思想和愿望。

二、地名的构词方式

地名词和其他语词一样有一定的结构方式，按照汉语的构词法，汉语的地名也有单纯词、复合词以及词组。

最早的地名结构都比较简单，大多是单纯词地名。这些单纯词地名又分为单音节词和双音节词两类，其中单音节地名数量较多，《说文解字》所收录9353个单字中单音节地名词有近400个，如"曹""秦""江""河"等，双音节单纯词地名大多是联绵词，如"会稽""盱眙""邯郸""琅琊"等。

秦汉以后，汉语的双音节合成词逐渐增多。在这种发展趋势下，地名中的复合词也越来越多。随着社会发展，聚落规模、复杂程度提高，出现了大量由专名和通名组合的地名。

复合词地名和词组地名的结构方式主要有偏正式、附加式、联合式，也有少量的方位结构、主谓结构、述宾结构、数词结构、述补结构，但没有其他普通名词具有的同位结构、介词结构、"的"字结构等构词方式。

三、地名的音和形

地名作为语言里的词，有一定的读音、含义，也有一定的书写方式。但它毕竟是语言中一个特殊的类别，在音形义上又有自己的特点。

词义方面前文已分析，同其他语词相比，地名的读音比较复杂，具体说有四点：古读多、生僻音多、异读多、方言音多。字形上也有古字多、生僻字多、异体字多、方言字多的特点。

汉语中的地名大多有几千年几百年的历史，有的命名时代的读音与现在已有了非常大的差别。由于在口语中经常呼叫、世代相因，地名的语音没有跟上一般的语音演变，往往保留着早期的读音。如"番禺"要读作"pānyu"而不读作"fānyu"。"尉犁"读"yùlí"，不读"wèilí"。

我国地域广、历史久、典籍多，古今汉字中有不少是地名专用字，命名时的字形现在也基本没有发生变化。外地人一般不认识这些生僻字，因而也读不出这些生僻字。《现代汉语词典》所收录的地名专用字约400多个，占总数的5%。在20世纪80年代的地名调查中，一个县的地名用字里，字典上查不到的有时多达上百个字。①

在地名中异读现象非常多，有不少地名用字是字形相同而读音相异。1957年—1962年，普通话审音委员会公布了三次《普通话异读词审音表》，其中审定了地名异读字181个，但地名中的异读现象仍然不少。

很多地名一开始都是用方言命名的。现在尽管各地推广了普通话，本地人之间提到地名时还是经常用方言来称说，外地人很难理解。另外因各方言通行

---

① 李如龙：《汉语地名学论稿》，上海：上海教育出版社，1998年，第60页。

的地域有自己独具的地形地貌特征，在地名用字中各自造了一批独特的用字，如"塬""峁""浜""埔""厝""峇"等。

综上所述，地名具有一般词语的语言特征，在音、义、结构上又和其他语词有所不同。李如龙先生明确指出："只有运用语言学的理论和方法，才能建立科学的地名学。"[①] 我们可以从描写语言学的角度分析地名的语词结构，研究地名词的音形义；可以从词源学的角度分析地名的语源，考证历史地名、方言地名以及外族语地名；可以从应用语言学的角度研究地名的标准化以及各项地名工作；可以从文化语言学的角度研究地方的命名法以及地名如何反映历史文化背景等。牛汝辰先生也指出，研究地名有助于研究语言，如从地名可以看到语音的历史演变、词汇和语义的发展、语言的底层逻辑、方言的分布等。

---

① 李如龙：《汉语地名学论稿》，上海：上海教育出版社，1998年，第1页。

第三节 地名的主要功能

地名有着诸多重要功能。准确认识地名的功能，对我们加强地名管理，充分挖掘它所蕴藏的文化内涵，都具有积极意义。

一、记忆和管理功能

地名是一个历史范畴，是人类社会发展到一定阶段的产物。在人类远古时期，世界上的任何一个地域都是没有地名的。后来人类为了生存需要，会记住有渔产、有果实、有水源、有洞穴、有火种的地方以便重复获取、采集、落脚，以延续生命，发展人类。而为了记住这些地方，他们就给这些地方留下记号、符号和标识，在人们相互谈论、相互转告、反复比画、不断往来的过程中，这些记号、符号和标识就渐渐演变成了地名。有了地名之后人们对某一地域就容易记忆了，一提起某某山、某某沟、某某村、某某河、某某湖，人们马上就会记起这些地方是什么样子，有什么用途，从而使大自然更好地为人类服务。时至今日，地名的记忆功能仍然是它的基本功能之一，不论哪个地区，哪个城市，哪座山峰，哪条河流，要想清楚牢固地记住它就需要首先给它起个名字。

管理功能体现在行政区划上。行政区划是国家对行政区域的划分，划分行政区域的目的是设置相应的地方政权来管辖这个地区，从而巩固国家的政治统治，维护国家的集中统一。地名可以没有区划，区划不能没有地名。因为区划不但以地名为前提，而且以地名为载体。区划图示，区划口述，区划说明，地方政府成立，地方政府挂牌，地方官员任命，都离不开地名。比如说划分一个行政区，须是某某省、某某县、某某镇，不可能是无名省、无名县、无名镇；

任命一个县长，须是某某县县长，不可能是不知道什么县的县长；上级给一个地区发文发通知，抬头应该是某某地区，而不会是不标明地区直接讲内容，等等。因此说，区划和地名密不可分。地名是区划的一部分，是区划的重要内容之一，具有区划的管理属性。

二、服务和传承功能

服务功能是地名的主要功能。地名从诞生的那一刻起，就开始了服务。随着社会文明的进步，地名的服务范围越来越广。首先是为人们的工作和生产生活提供服务。比如交通运输、邮电传递、贸易往来、导游指路、治安侦破、消防救护以及居民办理身份证、报户口、登记结婚、探亲访友等等，都离不开地名。地名是人们生产生活中最常用的名词，离开了地名，人们就没法进行正常的生产生活。有人说，地名就像阳光、空气和水一样，无处不包，无人不用。这种比喻说明了地名的极端重要性。近年来由国务院批准实施的包括地名规范、地名标志、地名规划、数字地名为内容的地名公共服务，使地名的服务功能得到了更充分的发挥。

传承功能。大凡地名都不是孤立的，都和历史文化紧紧联在一起，融为一体，这是因为人们的生产生活条件的改善，文化科技的发展，社会风俗习惯的变异和传承，战争的得失成败，朝代的兴盛衰落，各种各样人物的出现和消失等等，都会通过种种形式融入地名，使地名成为记载历史文化的百科全书。比如河南洛阳，从夏王朝在这里建都开始，共有十三个朝代在这里建都，而每一个朝代，都要在这里留下本朝的文字文化和无数的人物故事，洛阳城下的一砖一瓦，都藏着千年的历史。还有北京、南京、开封、西安、苏州、杭州等等都是如此。据有关部门评估，我国现存的千年古城 300 多个，千年古县有 700 多个，千年古镇 1000 多个，历史悠久的古村落 10 万多个，其中蕴藏着多少古代文化难以想象，难以统计。而这些古代文化又和这些古城、古县、古镇、古村的名字密不可分。努力开发、研究、保护、运用这些古地名文化，对于见证我国悠久的文明，传承我国灿烂的文化，发扬我国优良的传统，意义重大。

三、教育和纪念功能

在漫长的中华民族的文明史中涌现出了许许多多热爱祖国、抵御侵略、体恤人民、反抗压迫、平匪除霸、反腐肃贪、尊师重教、尊老爱幼等等英雄人物和动人故事，这些英雄人物和动人故事又都寓于各地的地名之中。一提起某个地名，人们自然就会想起某个人物和某个故事。一提起河南汤阴县，人们就会想起智勇双全、精忠报国的民族英雄岳飞；一提起梁山，人们就会想起"路见不平一声吼"的梁山好汉；一提起开封府，人们就会想起除暴安良的黑脸包拯；一提起虎门，人们就会想起忧国忧民、抵制鸦片的林则徐；一提起浙江嘉兴，人们就会想起中国共产党第一次全国代表大会；一提起韶山，人们就会想起伟大领袖毛主席；一提起井冈山，人们就会想起红军反围剿、想起长征；一提起延安，人们就会想起整风，想起南泥湾，想起抗日战争等等。结合这些地名，对党员、对干部、对军队、对青少年开展爱国主义教育，不仅十分必要，而且会收到明显的效果。这些年来爱国主义教育基地如群星灿烂，红色旅游越来越火，充分显示了地名的教育功能。

纪念功能。纪念功能指为了纪念表彰某人物、某组织在促进某地物质文明和精神文明发展中所做出的重要贡献和所表现出来的崇高精神，以其人或组织的名字作为这个地方的地名以示纪念和表彰。如陕北的志丹县，旨在纪念表彰陕北红军领袖刘志丹领导红军和群众打土豪、分田地，为民造福的英勇事迹；山西省左权县，旨在纪念和表彰八路军副参谋长左权在太行抗日前线，不顾个人安危，亲临一线指挥战斗，掩护八路军总部转移，壮烈牺牲的大无畏英雄气概。还有黑龙江的尚志县、陕北的子长县，北京市的赵登禹路、长沙的毛泽东诗词广场、北京的中山公园、沈阳的鲁迅公园等。还有红军时期以及新中国成立以后，在各个根据地和各个城市中出现的红军山、爱民井、拥军路、八一镇、红旗渠、解放大道、和平广场，很多很多。还有纪念我国古代著名人物的地名也很多，比如纪念我国古代大思想家、大教育家孔子的地名就很多：孔庙、夫子庙、文庙，还有带有"仁""忠""恕""义""礼""恭""信""孝"等的地名，到处都是。世界各地以人物名字命名的地方也很多，比如：列宁格勒、斯大林格勒、华盛顿等等，也是用于纪念和表彰。

四、经济和主权功能

地名属于上层建筑的一部分，是由经济基础决定的，反过来，它也必然为经济基础服务。一些地名的起用，主要是为了促进贸易和交流，促进地区的经济发展，使人们一提起这个地名就会想起交易，想起开发，想起投资，想起发展，使地名与经济紧紧联在一起。以古都西安为例，新中国成立前，西安就出现了竹笆市、骡马市、糖坊街、印花布园等40多条与经济有关的地名，反映了过去西安商业发展的足迹。新中国成立后，西安出现了纺织城、电工城、飞机城、电子城、文教城等新地名，反映了社会主义大生产的特点。改革开放后，一些具有经济特点的新地名如雨后春笋，蓬勃而出。比如上海的浦东新区、天津的渤海新区、成都天府新区和兰州新区等等名称，都和经济发展密不可分。某些城市经济开发区的名字也带有经济的属性。如大连金洲高新技术开发区、兰州高新技术产业园区、武威工业园区等等，从名字上看，就知道这个地方不是这个地区的政治中心、文化中心，也不是这个地区的教育区、居住区、娱乐区，而是经济特区，是以引进内外资金、开发高新技术、增加产品出口、促进经济发展为主要内容的区域。这些区域从名字上看就带有浓重的经济色彩。另外，把地名用于产品、用于广告、用于商标，使地名和经济直接融合，产生效益的也越来越多。至于有些路、桥、站、港的名字，以冠名权的方式拍卖，使地名直接产生经济效益那就更显地名的经济功能了。

主权功能。地名反映主权国家的意志。新中国成立前，我国的有些地名是外国人命名的。比如在上海的租界里，各国租界当局不经中国政府批准，就以本国人的名字对路名命名，表明了半封建半殖民地中国对地名管理权的丧失，也是对主权的丧失。新中国成立后，党和政府通令要求各地清除有损领土主权和民族尊严的地名，全国各地一改外国人命名的地名，包括租界内的路名，恢复了中国名称，标志着我国作为一个主权国家理所当然地行使着地名管理的权力。地名的主权功能，还较多地体现在沿边、沿海岛屿和山脉的命名和管理上，2005 年 10 月，由中华人民共和国民政部、国家海洋局联合召开的全国海岛地名管理工作座谈会指出，加强海岛地名管理有利于维护国家主权和领土完整。一个海防线的小岛，一座边防线的小山，如果有了我们国家命名的名字，并且有了用我们国家的文字树立的标志，它就增强了主权的鲜明性，就可能减少与邻国领土主权的纠纷。

五、宗教功能

在我国，带有宗教意涵的地名多与当地的历史与宗教文化相关。以甘肃为例，平凉市崆峒区、陇南市佛崖镇、天水市石佛镇、景泰县五佛乡、清水县观音殿村、甘谷县觉皇寺村、永登县百灵观村，会宁县老君乡、甘州区佛城社区和王母宫社区、武威市海藏村等等。我国有信仰宗教的自由，但需要正确引导，严格管理，规范宗教地名，打击利用宗教名义搞封建迷信和坑害群众，使宗教在教人向善、促进慈善救助，建立和谐社会中发挥积极作用。

以上列举的功能，并不是地名功能的全部，地名还有其他功能。这些地名功能的发挥，在不同的时期各有所侧重。在今天，努力发挥地名的服务功能是我们的主要任务，相关部门应按照相关要求，严格、科学地管理地名，扎扎实实地做好地名公共服务工作。

第四节　地名中的文化因素

沈西伦先生指出："地名不仅仅是简单的符号，它也是文化信息的载体，透过地名的宏观文化考察，人们能获得丰富的历史背景信息。""地名研究能重现一个国家或民族在政治、经济、军事、交通、文化等方面的历史面貌。"

"文化"一词最早出现于西汉刘向《说苑·指武》："凡武之兴为不服也。文化不改，然后加诛。"这里的"文化"是一种治理手段而不是现代意义的文化。现代一般认为文化这个概念分为狭义和广义，狭义的文化是人类理性意识的表现，广义的文化则在狭义文化的基础上加上人类物质生产活动的成果，即包括物质文化和精神文化。文化可分为三个层面：外层文化是物质形态，内层文化是人们的文化心理，中层文化是人类社会的各种制度、法律和有关自然与社会的各种理论体系。

地名现象纷纭复杂，但归根到底它是人类文化的一部分。它的物质材料语言文字是文化的组成部分，而语言形式中的特征意义和命名意义所反映的更是文化的内容。

李如龙著《汉语地名学论稿》和郭锦俘著《汉语地名与多彩文化》都主要是从精神文化和制度文化方面阐述了地名中的文化要素。

李如龙先生指出：地名是精神文化活动的成果，它寄托了人们的审美情趣，表现着人们的思想观念，反映了人类活动的共同规律。如在命名时，不同民族的地名中都有用人体名称取譬，或按直观的外部特征命名的现象。地名反映了中华民族博大精深的文化内涵，从地名中可以了解人们的政治、道德观念，了解当地的图腾、了解民族的英雄人物和美丽的传说故事同时地名还反映了不同朝代的文化特征。

　　郭锦俘先生则更侧重于从历史的角度、社会的角度研究地名文化。地名反映历史古国和朝代的文化印迹、历史上避讳的影响及社会历史经济文化，从地名的变化中可以了解行政区划、社会心理、政治文化、现代经济文化，在社会心态方面，地名反映了人们求福、重义、重宗族、对历史人物的景仰。

　　沈锡伦先生指出，地名分布还能确认古代民族区域和移民流向。地名的变化能反映社会变迁和经济发展，能体现新的内外政策，并向后人提供了某些地方历史归属的证据。西北边塞地区的许多地名则反映了古代驿传和屯军驻守的历史情形。

　　从几位专家的研究中不难看出，地名作为一种语言现象蕴含着丰富的文化内涵，它从物质、制度、精神等不同层面反映着人类博大精深的文化。地名与文化共生是人类文化发展的必然结果，也是人类文化的标志之一。地名是文化的镜象，是人们的社会行为产生的结果，是文化在社会心理、社会生活、风俗习惯等方面的投影，地名又是文化的载体，与文化有着紧密的联系。

第二章

地名文化简析

地名是一种符号标志，是一种超越时空的文化现象，是一个地方文化的载体，也是一种特定文化的象征。优秀的地名文化不仅能够彰显地理实体所在地深厚的历史文化底蕴，更是区域文明发展的重要见证，地名伴随着人类文明的演变，经历了漫长的发展过程，形成了独具特色的地名文化。

地名文化是以地名语词形式承载指代地方的地域文化，涉及语言文化、历史文化、地理文化和民俗文化等。璀璨的中国地名文化是伴随着中华文明的进程而发展起来的，是中华优秀传统文化的重要组成部分，不同地域、不同历史时期的地名文化资源都蕴含着大量的地理信息和文化基因，是中华五千年文明史一个很好的展示窗口，是重要的民族文化遗产。深入挖掘和研究地名文化，厘清地名文化形成和发展的规律，掌握地名文化的内涵与特点，充分发挥地名的载体功能，对延续历史文脉、坚守中华文化立场、传承中华文化基因、铸牢中华民族共同体意识，为全面建设社会主义现代化国家提供精神力量具有重要意义。

第一节　地名文化的概念

一、基本概念

一般认为，地名文化是在"地名语词文化和地名实体文化互相依存，相互转化中产生的"。但地名文化本质上需要通过语言表述出来，而表述其文化的语言不仅依托在地名语词之上，还要能够联动地理、历史、传说、诗文等。因此，目前对地名文化较为一致的定义是：地名是分布在历史长河里的时空符号，聚集了丰富的人类智慧，蕴藏了各个时期的历史、地理、人文信息，构成了一种独特的识别、命名和用于交往的文化。地名文化的源头来自远古，它是人类文明的活化石，是宝贵的非物质文化遗产。它记录了人类探索世界和自我的辉煌，记录了战争、疾病、浩劫与磨难，记录了民族的变迁与融合，记录了自然环境的变化。它告诉人们"我们从哪里来"，让我们记得荣耀，记得悲痛，记得情感，记得认同，记得乡愁。

这段话反映了地名文化的丰富性、多样性以及讲述它的挑战性。它不同于现代历史叙述，并非历史事实的分析、叙述和展示，而是"记录了战争、疾病、浩劫与磨难"。叙述不仅仅是冷冰冰地呈现过去，还要让人能"记得悲痛，记得情感，记得认同，记得乡愁"。它也不同于文学叙述，可以虚构和想象，更与科学分析不一样，并非依照地理或历史信息展现知识，而是"记录了人类探索世界和自我的辉煌，记录了民族的变迁与融合，记录了自然环境的变化"。总之，它要告诉人们"我们从哪里来""让我们记得荣耀"。此外地名文化叙述不仅仅是一种表达，还要在叙述中探究，通过叙述追问地名的渊源、情感、信息和当下的意义。

二、地名文化与传统文化的关系

地名与文化有着不能分割的关系，两者息息相关，共生同变。博大精深的中华传统文化，凝聚着中华民族的精神与情感、思想与道德、智慧与价值，渗透到社会生活的每一层面，地名正是一个独具特色的层面。可以说，传统文化是地名文化的土壤，地名文化是传统文化的折射。

第一，传统文化是地名文化的土壤。中国传统文化底蕴深厚、资源丰富，文化的差异会影响地名的命名。不同地区的自然环境和民族分布会产生反映不同自然特征和民族特征的地名，不同的民族聚居区，又会产生反映不同语言、风俗特征的地名。博大精深的地名文化，特别是千百年来积淀形成的命名原则和思想体现了中华文化独一无二的理念、智慧、气度和神韵。中国文化是一种乐感文化，中国的老百姓始终都渴望能过上安定、富足的生活，因而在地名命名或译写地名时，常常选取兴、安、康、泰等吉祥的字眼，例如人们比较熟悉的黑龙江兴安岭、陕西兴平、浙江安吉、山东泰安等。中国传统文化中的儒家、道家思想等在地名中也有体现。儒家思想中有关孝悌忠信、福寿康宁等寓意的字，被广泛用作名首，如福建忠信、山西孝义、贵州仁怀、浙江义乌、河南信阳、陕西礼泉等。古代阴阳理论中"山南水北为阳，山北水南为阴"的观点，也常用于地名命名，如衡山之南为衡阳，淮河以南为淮阴。

第二，地名文化是传统文化的折射。地名是文化的镜像与载体，作为表征地理实体的文化符号，地名之中包含着重要的文化信息和文化内涵，而这些往往都是中国传统文化的重要组成部分。透过一个独特的地名，我们往往可以窥探到人们对特定自然和人文环境的独到认识，甚至从中发现社会历史演变的踪迹。如果说城市是一座开放的博物馆，地名就是各种"陈列品"的说明书。以历史文化名城北京为例，以淀、沟、渠、泉、洼、池、坑等为通名的地名，如海淀、苇子坑、泥洼等，反映了古代北京的水文地形特征；正白旗、正蓝旗、镶白旗、镶黄旗等以"旗"作通名的地名，体现了清军八旗制度的历史；板章胡同（昂帮章京胡同）、牛录坟等满语中与官职有关的地名，反映了民族交融的史实，体现了北京文化多元共存、兼包并容的特点。

　　第三，地名文化对传统文化、地域文化具有反哺作用。地名是重要的文化形态和载体，糅合着独有的属地特征与情感认同，更有源远流长的文化积淀。地名文化在传播中具有很强的扩展和渗透功效，挖掘并传播地名所涵盖的历史与文化资源，有利于凝聚一定区域内人们的文化向心力，增强文化认同，传播地域文化。地名具有地理标识作用，它的变化相对缓慢，作为民族精神文化的结晶，地名文化具有较强的生命力，地名文化的意义在很多时候都超过了我们的想象。比如浙江省嘉善县，"嘉善"二字便与"地嘉人善"的乡风民俗有关。当地更是充分利用了地名所传递出的乡风民俗，把这种历史与文化基因继承下来，弘扬地名文化中的"嘉"与"善"元素，对建设和谐社会都起到了积极的推动作用。

第二节　地名文化的形成与发展

　　人类的起源与文化的开端，是一对"孪生姐妹"，血肉相连。地名在人类历史的长河中与文化共生并同步发展。如在图腾产生之前，原始部族过着游徙生活，没有群体名称。在图腾产生之后，每个部族都以某种动物或植物作为自身的图腾，并以此作为部落或氏族的名称。当每个部族定居在一个地方后，便以图腾作为定居地的名称，这就是远古的聚落地名。我国远古龙虎图腾，传说是女娲、伏羲两部落的名称，经夏、商、周至秦汉，一贯而下，形成了大量的"龙""虎"地名。牛汝辰先生在其所著《中国地名文化》中引证，仅《中国历史地名大辞典》收入的以"龙"字起头的地名词条就多达225条（如龙潭、龙岩、龙山、龙屯），以"虎"字打头的地名也有近百个（如虎门、虎市、虎丘）。这一事例告诉我们：中华民族历史上曾经出现的图腾崇拜的原始文化，造就了一批古老的龙虎地名，这些古老的龙虎地名又承载、传承了远古的龙虎文化。可见，地名的形成是一定历史时期的一定文化形态的伴生物，同时，历代形成的地名又是一定历史时期的一定文化形态的载体。

　　地名，是为某个地理实体命定的专用名称。地名语词是语言词汇的组成部分，是一种语言文化形态。它除了具有一般语词的音、形、义等语言文化要素，还具有对所指代地理实体的指位和指示空间范围的功能，这是一般语词不具备的。地名语词的音、形、义、位等文化要素的内涵十分丰富，如地名的"音"和"形"涉及各民族不同语言、文字的读音与书写形式，地名语词的"义"（含义）涉及与其命名相关的历史、地理、民俗等方面的知识，地名语词的指位涉及它所处的地理环境及空间分布等地理、测绘、制图等知识。可见，一个地名诞生的背后有一条庞大而复杂的文化脉络。

地名所指代的地理实体（或地域）所承载的文化内涵就更丰厚了。如行政区划地名省、市、县，在其辖域形成与发展的历史沿革中积淀了深厚的历史文化，其辖域所处的地理环境形成了独特的地理文化，其境内民间具有质朴的传统文化。又如自然地名山、河、湖、洞、泉、瀑等，除具有地质、地貌、景观、植被等自然地理元素外，还含有古代建筑、历史事件、名人足迹、故事传说等人文内涵。总之，地名实体文化比地名语词文化内涵更加丰富而深厚，其文化内涵形成的时间或早或晚，处于流变状态。有的地名实体文化是在为这个地理实体命名前或改为今地名前早已积淀的文化，并伴随着这个地名的形成而发展；也有的地名实体文化是在这个地名诞生之后形成的，故其文化内涵是伴随着地名的诞生而形成的。虽然更多的地名实体文化是伴随着这个地理实体的形成及其历史演进中逐渐形成、积淀下来的，但只有为这个地理实体命名之后（即地名诞生之后），其文化内涵才能成为地名实体文化。

综上所述，地名的诞生就是地名文化形成的起点，而地名文化伴随着地名的演变而传承、发展，这就是地名文化形成与发展的规律。

第三节　地名文化的基本内涵

地名文化的基本构成包括了两个层面,一是地名语词文化,二是地名实体文化。地名语词文化属于语言文化范畴,是地名实体文化的标识,对于研究地名实体文化可以起到抓纲带目的作用,因此,它是地名文化的基本内涵;地名实体文化属于地域文化范畴,是地名语词文化形成、生存的环境,对于研究地名语词文化可以起到基础和深化的作用,因此,它是地名文化的外延。地名语词文化和地名实体文化是相互依存、不可分割的统一体。

地名是地域文化的载体,同时它本身即是一种文化现象。地名语词承载着本身形成的文化内涵,地名实体承载着不断积淀的文化内涵,两者构成了地名文化的全貌。

一、地名语词文化内涵

地名语词的基本文化要素包括读音、文字书写、由来含义和所指代的地理实体位置与范围等,涵盖了语言、地理、历史等文化知识,加之地名语词演变的历史沿革涉及的相关知识,构成了地名语词文化的基本内涵。

（一）地名语词的读音与书写文化内涵

中国地名标准化,要求每个地名不仅要有一个统一的称谓、固定的书写形式,而且要求其读、写要符合正音、正字的有关规定。按照标准化的要求,汉语地名语词要以普通话作为标准读音,使用规范的汉字书写,其中汉语地名和用汉字书写的少数民族语地名,按1984年中国地名委员会、中国文字改革委员会、国家测绘局联合颁发的《中国地名汉语拼音字母拼写规则（汉语地名部分）》拼写;少数民族语地名按照有关技术规范直接从民族文字译成罗马字母

（汉语拼音字母），或先将少数民族语地名音译成汉字，再将汉字以普通话读音、以罗马字母拼写。

我国语言文字形成发展历史悠久，少数民族语言文字繁多，加之方言、异读、异写及世俗读写等情况，致使全国各类地名的读写十分复杂。归纳起来主要有三种情况：

一是保留下来的原始读音与书写。一些古老地名世代传承，古代读音保留至今。如天水赵崖村的"崖"读"ái"而不读"yá"。二是少数民族语地名读写。我国有55个少数民族，少数民族语地名的读写情况十分复杂。尤其是一些历史上多民族聚居地区，有的地名形似汉语地名，实则为少数民族语地名，很难辨识。如甘南州的合作（合作原名"黑措"，系藏语，含义为羚羊），酒泉市的阿克塞（哈萨克语含义为"纯洁"的意思）。"包头"是蒙古语"包克图"的汉语音译，含义为"有鹿的地方"。如果地名语词中几个汉字间无词义联系的，比较容易识别为少数民族语地名，但具体是哪个民族语地名则需要具体分析了。如"乌鲁木齐"（含义为"优美的牧场"），有的专家认为是从蒙古语音译而来，也有的认为是从突厥语音译而来。三是方言地名读写。由于历史原因，各地都有复杂多样且彼此差异甚大的方言地名。甚至在同一民族语言内部，也有不同读写的方言地名。在地名中用方言命名的通名也较多，且多与该方言区所处地理环境有关。在秦晋黄土高原有西北方言地名通名"塬""梁""峁""峪""滩"等；一些聚落地名的通名，不同的方言区其读写也不相同，如北方农村聚落通名有"堡""铺""屯""舍""庄""寨""家""集""村"等。"堡"本义为军事上防守用的建筑物，明朝开始大规模修缮、增建长城并移民实边，"堡"逐渐成为居民点通名。"铺"的本义是衔门环的底座，又称"铺首"，唐朝将"旧时的驿站"改为"铺"，形成地名，如"三十里铺"。"村"是从隋朝开始有的农村聚落，南方农村聚落通名多为"宅""里""基""屋""厝""墟""社"等。因此，农村聚落通名在不同的地域、不同的历史时期有不同的称谓。

（二）地名语词的语义文化内涵

地名语词的由来、含义，是地名的命名依据，也是地名语词文化诸要素中内涵最深刻、最丰富的。它不仅与古今地理学、历史学、语言文字学等学科密切关联，而且涉及民族学、民俗学、训诂学等学科的知识。根据研究分析，古今各地地名的命名类型主要有五大类：

一是描写自然景观（或地理特征）。依据地名指代的地理实体所处的地理环境及特征（景观）命名。此类可称为"描述性地名"。有的是描写地理方位的，如湖北（含义为"洞庭湖以北"）、湖南、河南（含义为"黄河以南"）、河北、山东（含义为"太行山以东"）、山西等，甘肃庆阳因庆州州治城址位处马莲河上游环江与柔远河（又名东河）汇流以北的三角台地内（即今庆城县所在地），古人以水之北为阳，故名"庆阳"，含义为"庆城在水之北"；有的是描述地貌特征的，如麦积山含义为"望之团团，如民间积麦之状"；有的是描述生物特征的，如葡萄沟、榆中等；有的是描述矿产资源的，如铁岭、白银、盐池等；有的是描述地理景观的，如"嘉峪关"意为"美好的山谷"。

二是以姓氏命名。许慎《说文解字》记载："姓，人所生也，从女、生，生亦声。"班固《白虎通德论》卷九曰："姓者，生也，人禀天气所以生者也。"《左传·隐公八年》记载："天子建德，因生以赐姓。"这都说出了"姓"的本义是"生"。因此人们普遍认为，姓最初是代表有共同血缘、血统、血族关系的种族称号，简称族号。作为族号，它不是个别人或个别家庭的，而是整个氏族部落的称号。以姓氏命名的村庄，既各自独立，又纵横交错，无数的血缘亲情渗透其中。如安家庄，"安"是安定、安静之义，是会意字，指房子内跪坐着一位面向左的女子。古人用女子安静地在家操持家务，表示天底下不会有战争，也没有灾祸，社会安定、生活安稳、人身安全。所以"安"的本义是安定。安人以此为氏族崇拜的愿望，成为氏族名和姓氏，安姓人居住的聚落为安家庄。武家村，"武"是为平定天下，从而将武器收藏起来，不再打仗，所以，武字从制止干戈意。武的本义是征伐示威，引申义是勇猛、刚健。武人是崇尚强力的氏族，以武为原始图腾并命名氏族为武姓，以武姓人居住的聚落为安家庄。

三是记叙人文历史，即以记叙中华民族历史演进中的社会变革、民族迁徙、历史人物、重大事件、历史典故（传说）等为命名理据。此类可称为"记叙性地名"。有的是记叙社会变革的，如秦人后代生活的秦安，因宋金对峙、战乱频繁，人们迫切渴求安宁，故而将他们生活的地方命名为秦安；有的是记叙历史人物的，如"飞将巷"，飞将意为行军速度快，记叙的是"但使龙城飞将在，不教胡马度阴山"的汉代天水人李广；有的是记叙历史故事的，如天水"织锦台"是为纪念出使匈奴的苏武后代、才女苏蕙织锦回文诗而在秦州建造的；还有的是记叙历史事件的。

四是寓托思想情志，即寄托人的追求、崇拜、祈福、意愿等为地名命名理据，此类可称为"寓托性地名"。有的是寓托追求与崇拜的，如河北省遵化市，以"遵循孔孟之道，教化黎民百姓"的寓意得名，在聚落地名中以安、乐、龙、虎、神、寿等为名的很多，如民乐取"人民安居乐业"之意。有的是寓托祈福与意愿（志）的，如秦州的"和顺家园"。在聚落地名中以太平、永安、光大、吉祥、如意为名的很多，如永登含有"祝愿五谷永远丰登"之意，永昌之名始于元朝，取"永远昌盛"之意，景泰含有"永期景象繁荣""国泰民安"之意；靖远取"边远之地已安定"之意，静宁以"平静安宁"之意得名，敦煌取"盛大辉煌"之意，康县原名永康县，取"永宁康泰"之意，后去"永"字而改名康县，康乐县取"康泰安乐"之意，永靖县取"永远安定"之意，和政县取"人和政通"之意。

五是其他命名理据。有的是派生地名，即以当地知名度或历史悠久的地名作为新地名的专名；有的是移借地名，即借用各地著名的地名作为城市街巷名，如借用外地城市名兼顾方位作为市区主要道路名称，如兰州的天水路；有的是以序号命名的，如十里铺。

二、地名实体文化内涵

地名实体承载的文化内涵比地名语词文化内涵更加广泛和丰富，历史悠久的古老地名实体的文化内涵更是深厚。地名实体文化主要由三个方面构成：

第一，地名实体承载的历史文化内涵。地名实体积淀的历史文化内涵十分丰富，包含了揭示地域开发和先民繁衍生息的历史渊源，展现地名文化积淀深厚的文物古迹，推动历史文化演进的历史人物与重大事件，彰显中华民族创造力的科学技术，反映文化繁荣的文学艺术及典籍等。

第二，地名实体承载的地理文化内涵。包括地名指代的地理实体的地质地貌特征、自然景观、人造景观、自然资源及经济特征等，展现了地名实体形成与发展的自然环境，揭示了地名实体承载的历史文化与乡土文化形成与发展的土壤。

第三，地名实体承载的乡土文化内涵。包含独具特色的民俗风情、传统工艺与技能和传统饮食、服饰、民居等传统文化表现形式及文化空间（许多已成为非物质文化遗产），揭示了当地多姿多彩的乡土人情和民族文化风韵。

第四节 地名文化的界定及现代价值

一、地名文化的界定

地名文化内涵十分丰富，既包含了物质文化，又包含了非物质文化（精神文化、制度文化），是广义的文化概念；地名文化既包含了语言文化，又包含了历史文化、地理文化和乡土文化等，是一个多元的、综合性的文化体系。地名文化伴随着中国文化的发展而发展，既是中华传统文化的组成部分，也是现代文化的组成部分。地名是信息的载体，它具有承载和传播文化信息的功能，因此，地名既是语词文化的标志，又是地名实体所含历史文化的化石、地理文化的镜像、乡土文化的窗口。所以，我们可以把地名文化称为"地名载体文化"。

综上所述，中国地名文化，是以中华民族为创造主体，以地名为载体，在中华大地上伴随着民族文化的发展而发展的，具有鲜明特色和丰富内涵，且世代传承的地名语词文化和地名实体文化体系。

二、地名文化的现代价值

地名是中华民族文明史的特殊记录与见证，也是世界文明史的记录与见证，是人类的共同财富。地名文化蕴含着多重价值内涵，主要体现在三个方面：地名文化是传承优秀传统文化的重要载体，是增强文化归属、提升爱国热情的重要途径，是构建中国特色传统文化话语体系的特殊进路。

（一）地名文化是传统文化的重要载体

地名文化演绎历史文化发展。地名体现了中华民族对于特定历史事件、乡风民俗、文化迁徙、政治变迁等方面的发展变化。比如，河南修武县之名始于秦朝，取"武王伐纣，修兵演武于此"之意。相传商末周武王兴兵伐纣，途经宁邑，遇暴雨三日而不能行，就地驻扎，修兵练武，改宁邑为"修武"，修武从那时得名至今，成为中华大地最古老的县名之一，已经被联合国授予"千年古县"称号。湖北恩施土家族苗族自治州的来凤县之名源于神话传说，相传县境翔凤山有凤凰飞临，这是典型的神话传说在地名文化中的体现。再如古都开封，春秋时期郑庄公取"启拓封疆"之意定名启封，西汉避汉景帝刘启之名讳，改名为开封，最终演变成现在的开封市，其地名的发展变化明显体现了政治文化的变迁。

地名文化蕴含传统审美观念。地名是人们对特定空间位置实体赋予的专有名称，这种符号意义的表达体现了传统审美观念。比如，采取方位对称的形式命名，常用东和西、南和北、上和下、左和右等，如东阳县（西汉设置，今山东武城县）和西阳县（西汉设置，今湖北黄州），山东和山西，广东和广西，湖南和湖北。中国人崇尚中庸之道、中正之美，这种命名方式体现了典型的中国传统文化中追求中正对称美的特征，北京的东城区和西城区也是这种美学文化的典型代表。

地名文化承载人们的价值追求。地名文化是人民日常生活的重要意义符号和价值传递系统，承载了人们的价值追寻，留下了深刻的痕迹。一部地名文化史，可以发掘出历史发展中的价值追寻史。例如：中华民族对于未来生活充满了美好与期许，对人生充满了乐观，对国家和人民充满了善意的祝愿，在地名文化中常用宁、安、吉、泰、康等字眼，如南宁、西宁、兴安岭、吉林、吉安、泰安、新泰、建康等地名就体现了这种特征。中华民族对于天人和谐、天下大同、厚德载物等精神的追求，在地名中经常用和、德、同等字眼体现出来，如和县、承德、德州、大同等。可见，中华民族将价值追寻以一种特定的方式凝聚在地名文化中。

（二）地名文化是增强文化归属、提升爱国热忱的重要途径

地名文化承载浓厚的文化归属感。中华文化博大精深，地名文化形态

万千。地名文化基于传统社会文化结构，形成了一种特有的对土地的深情、对故土的眷念、对国家的热爱，是一种特有的"寻根文化"。地名文化是每个人都熟悉的文化，富有浓厚的情感基础，成为吸引人、凝聚人的特有精神资源。地名文化中可以找到共同的记忆、文化精神的归属。例如湖南炎陵地名文化的传播与发展，不再是简单的湖南一个县城的地名文化传播，而是依托于炎陵祭祖文化的广泛传播，这种地名文化已经成为中国人寻根问祖，祭祀祖先，传承、弘扬中华文化的重要载体，是海内外华人寻求文化归属的重要载体。

地名文化是爱国主义教育的重要途径。爱国主义是归属感、尊严感和自豪感的统一，爱国主义精神是激励中华儿女为国家、为民族做奉献的强大精神力量。爱国主义包含了爱故土、爱人民、爱国家的最基本要求，这几个方面有着不同的层次要求。爱故土是一个人生于斯、长于斯，必然念于斯、归于斯，是对故土的无限热爱与眷念。爱祖国的大好河山，其情感基础首先起源于爱自己的美好家乡。正如《我的祖国》歌词"一条大河，波浪宽，风吹稻花香两岸"，每一个人在深情传唱这首歌的时候，心中自然会想起家乡的那一条河，无论是长江还是黄河，还是家门口的一条小溪，都将在对家乡的无限思念中升华为对祖国的无限热爱。地名文化的传承正是在这种特定的家乡故土情怀表达中厚植了爱国主义情怀，成为爱国主义教育的重要途径。

（三）地名文化是新时代建设中国特色社会主义文化的特殊进路

中华优秀传统文化是中华民族的突出优势，是我们最深厚的文化软实力。新时代中国特色社会主义文化建设必须继承和发展中华优秀传统文化。任何一个民族的发展都不可能割舍历史、割断文脉传承，而地名、地名文化既是中华民族悠久历史文化的重要载体，也是中华文化的直接体现。中国特色社会主义文化的建设发展离不开中华优秀传统文化，而地名文化则可以为之提供特殊进路。

地名文化是讲好中国故事的特殊进路。地名是人们约定俗成的特定符号，是人们熟悉的日常生活场景特定意义传递系统，具有遍在性和全民性。讲好中国故事是中国特色社会主义文化建设的重要着力点，深刻影响着中国特色社会主义文化建设的成效，影响着中国优秀传统文化的继承与发展，影响着中国特色社会主义话语体系的构建。文化的传承与发展只有深入到百姓的生活中去，形成一种"日行日渐而不知"的氛围才能达到理想的效果。地名文化的遍在性与全民性特质，有助于将优秀传统文化内化于民众的日常实践。地名文化一旦找到恰当的承载方式必然有助于实现文化遗产的传承与发展，有助于形成人民群众喜闻乐见的文化创新形态，有助于讲好中国故事。

第五节　地名文化存在的基础

　　地名文化是中华民族文化的组成部分。研究地名文化形成发展的生存基础，必须从了解中华民族文化植根的土壤入手，认识地名对文化的载体功能。地名文化伴随着中华民族文化的形成而发展，其生存的基础由自然场和社会场交织构成。"自然场"指人的生存与发展所依附的自然环境，即地理环境；"社会场"指人在生存和发展过程中结成的相互关系，包括经济基础和社会结构。因此，我们应从地理环境、经济基础和社会结构三方面研究中华民族文化及地名文化的生存基础。

一、地理环境

　　我国幅员辽阔，地理环境复杂。东临太平洋，西北有漫漫戈壁，西南有青藏高原和纵贯边陲的横断山脉。大海、沙漠、高山共同维护着东亚大陆，使之与外部世界相对隔离，其内部又腹里纵深、天开地阔、地形复杂。在气候上，横跨热带、亚热带、暖温带、中温带、寒温带。东南部受季风影响多雨，而西北广大地区少雨。在地形上，多山、多丘陵，陆地平均高度约等于全世界陆地平均值的两倍。南暖北寒、南湿北旱、西高东低等自然环境差异，构成区域文化差异的自然背景。

　　构成地理环境的各个自然地理实体都有自己的称谓，这就是我国地名大家庭中的自然地名。如喜马拉雅山、青藏高原、黄河、渤海、洞庭湖、长江三峡、塔里木盆地、内蒙古草原等，不胜枚举。处在不同地理环境中的其他地理实体也往往依所处地理特征而命名。如河南省、河北省因分别处在黄河以南、以北而得名，易县因境内易水而得名，赞皇县因境内赞皇山而得名，以洞、沟、岩、滩、角、岸、洼、坑等地形特征为名的村镇名不计其数。这成为我国地名语词文化的一大景观。

文化是历史发展的积淀，是在特定的自然环境中凝聚形成的，而且不同的自然环境造就了独具特色的文化内涵。如福建省西部的武夷山是世界文化与自然双重遗产，不仅有"秀水洁如玉"的九曲溪、"奇峰翠插天"的三十六峰和九九岩绝妙结合的自然景观，还有凝聚积淀了深厚的历史文化的人文景观，如国内发现最早的悬棺架壑船棺，距今 2000 多年的古汉城遗址，影响深远的理学文化、茶文化和古代书法艺术石刻及古崖居遗址等。山东省临清市由于元代运河会通河的开凿，运河漕运经济的兴起，优越的地理环境使临清古城成为明清军事要地、漕运咽喉、商业都会。明清在这里建立运河船闸、鳌头矶、钞关等古建筑，塔寺等宗教建筑也十分丰富；古城内手工业兴起，商业繁荣，山东快书和琴曲等民间艺术盛行，城市休闲市井成为古代通俗小说的背景地……优越的地理环境造就了临清古城独特而深厚的运河文化，使之成为山东省历史文化名城。

不同的地理环境造就了各具特色的文化，而且是自然景观与人文景观相互衬映，相辅相成，和谐共存，成为一种"天人合一"的和谐文化。而指代这个地方的地名如武夷山、临清市，则是这个地方文化的载体，武夷山和临清市两个地名所承载或标识的武夷文化和临清运河文化即是地名文化。可见，地名文化是文化地理学的一个分支学科。

二、经济基础

地理环境影响文化发展，是通过人类的物质生产这一中介而实现的。因而，人与自然呈双向交流关系：一方面人的活动依凭自然、受制于自然；另一方面人又不断地改造自然。人与自然这种双向关系统一于人类的社会实践，首先是生产实践，即经济活动。经济活动所创造的器用文化，既是广义文化的组成部分，同时又为制度文化、行为文化、观念文化的生成与发育奠定了基础。

历史悠久的中华文化植根于农耕与游牧这两种经济生活的土壤之中，东起海滨、西及大漠的万里长城则是农耕文化和游牧文化的边界线，多少历史壮剧在这里上演。

地名的形成与演变除自然环境的影响外，同时与当地的经济基础关系密切。一般而言，凡经济发达的区域，地名形成得更早而且分布密集，如城镇地名比农村地名多而且类型复杂。战国和两汉时期的赵国古都邯郸地处太行东麓的丘陵盆地及冲积、洪积平原，气候温和，有利于农耕，因此早在 7500 年前邯郸先民就在武安磁山一带定居，并开始农耕生活，今磁山镇出土的磁山文化遗存有大规模的储存粟的地窖和粟的碳化物，并有许多碾粟谷用的石碾盘及石刀、石铲等石器。专家根据发掘出的器物认定这里是我国北方农耕文明的发祥地之一，由于这里的农耕经济形成较早，且丰富的铁矿资源促进了炼铁业的发展，武安磁山在殷商早期即形成了稳定的聚落。邯郸依托于此，在殷商后期逐渐兴起，并且具备早期城市的形制，公元前 386 年，赵敬侯迁都邯郸，邯郸逐步成为黄河以北政治、经济、文化中心城市，到西汉后期发展成除京城长安以外的"五都"之一。于是，以赵都"邯郸"这个地名为主要载体的古代赵文化日趋形成，逐渐成为燕赵传统文化的根文化之一。

中国历史悠久的农耕经济依赖自然资源而发展；自然环境较好的地方，农耕文化都比较发达。如浙江省永嘉县地处瓯江支流楠溪江流域，由于优越的适合农耕的自然环境，早在 1600 多年前西晋时期，自中下游到上游逐步形成了沿江古聚落地名群。至今还保留着原生态文化的楠溪江上游千年古村落群，如芙蓉村、上坳、林坑、黄南等村，这些村落都是依托楠溪江的自然条件和大兴农耕的政策而发展起来，并成为农耕经济繁荣的人文荟萃之地。村落的发育比较充分，古代农耕社会应有的各类建筑如民居、宗祠、庙宇、书院、亭阁、楼台、牌坊及寨墙等都较完备。在传统儒学文化"学而优则仕"的影响下，这些古村落的居民祖祖辈辈崇尚"耕可致富，读可荣身"的生活理念，教育子孙且耕且读。通过农耕而致富，通过读书而人才辈出，逐渐形成了千年古村落独具特色的耕读文化，而且世代传承，永嘉县农村经济的发展和教育事业的兴盛皆受此理念影响。

三、社会结构

文化是一种人类现象，而人类只有组成一定的社会结构，方能创造和发展文化。人类社会组织的演变趋势，大约是由血缘政治向地缘政治进化。中国的社会政治结构虽发生过诸多变迁，但由血缘纽带维系着的宗法制度及其遗存都长期保留，这与中国人的主体从事聚族而居的农耕生活有关。

宗法制源于氏族社会父系家长制公社成员间的亲族血缘联系，宗法制孕育于商代，定型于西周。宗法制规定，社会的最高统治者为"天子"，治理天下土地臣民，天子是天下共主、天下大宗。君王之位由嫡长子继承，其余王子则分封诸侯，在各自的封国内也是大宗。因此，其亲族血缘世代保持大宗地位。春秋战国的兼并战争使宗法秩序呈现瓦解之势，秦汉以来分封制被郡县制取代，各级行政官员通过荐举、考试入朝为官。

先民由原始游牧狩猎生活进入定居的农耕社会，即形成了稳定的聚落地名。《吴越春秋》记载："鲧筑城以卫君，造郭以居人，此城郭之始也。"[1] 城作为历史上的一种文化的象征，早在夏商时期已逐步形成，城作为地名则是在聚居地名的基础上发展起来的。都城则是在一些城成为一国政治、经济、文化及军事中心之后形成的。而建立都城的国家（如春秋战国时的侯国）有一定的统治区域，则成为我国早期的行政区域。我国最早的县级行政区地名始于战国、定型于秦汉，且历代传承沿用至今。据统计，全国现存千年古县近千个，占全国现行县级行政区的三分之一，其中秦汉时期所建的古县就有 178 个。

城与都城等最早的城市聚落地名，侯国等早期的行政区域地名，中国历史上最久的县级政区地名等，都是在中国古代特定的社会结构下形成的。在其形

---

[1]（东汉）赵晔：《吴越春秋》，长春：时代文艺出版社，2022 年。

成、演变和发展中都积淀了深厚的历史文化。这些古老地名成为民族文化的载体，是宝贵的地名文化遗产。如位于河南省新郑市区的郑韩故城遗址是春秋战国时期郑国和韩国的都城，今地面遗存的城垣仍巍然耸立、连绵不断，为世界上同期保存最完整、最高大的古城垣之一。故城内古迹比比皆是，有宫殿遗址、铸铜和铸铁遗址、大型祭祀遗址和郑国君墓葬区。其中，郑国贵族墓葬文化内涵丰富，其大型车马坑排列密集、保存完好，是研究古代墓葬制和用车制度的珍贵资料。

第六节 地名文化的特征

研究地名文化，要认识和把握其特征，以便挖掘、弘扬中华优秀地名文化。根据我国地名文化的形成背景和发展态势，主要有地名文化的延续性、区域性和多元性三个显著特征。

一、地名文化的延续性

中国、古埃及、古巴比伦、古印度被称为世界四大文明古国。然而，除了中华文明，其他三个都出现过历史断层。政治上的统一性与文化上的延续性是相辅相成的。中华民族历史在分分合合的过程中，统一是大势，且统一的时间越来越长，这为文化的传承与发展提供了社会基础。在中华五千年的文明史中，中华文化的延续性是十分突出的。在几千年的风雨沧桑中，中华文化既没有被毁灭也没有被同化，而是一直以雄浑的气势、宽阔的胸怀不断地发展壮大，绵延不绝。以汉字的传承与发展为例，从殷商的甲骨文，到铜器上的金文、小篆、大篆，再到隶书、楷书，其组字的原则一脉相承，发展的轨迹清晰可见。又如先秦诸子学、西汉经学、魏晋玄学、隋唐佛学、清代朴学（考据学）一脉相承、继往开来。中华大地上的历史延续不断，使用文字的人群生生不息。而古巴比伦苏美尔文字、古埃及文字、玛雅文字等，今天都难以分辨。这是因为在政治、军事和自然灾害的干扰下，文字失去了存活环境。五千年延续不断的中华文明，赋予华夏大地丰富的文化积淀，也赋予中国地名文化延续不断的丰富内涵。

地名是人类社会活动的产物。作为地理实体的指称，地名的产生是一个与人们认识周围环境密切相关的过程，而语言的形成则是其中必不可少的条件。

早在旧石器时期，先民从事攀岩采集或渔猎活动，或为记住采集、狩猎的地方，或为记住那些被崇拜或禁忌的地方，便为这些地方起个名称用以标识，这就是远古地名。进入新石器时期，先民从事农耕定居生活，居民点出现并不断增多，这就是我国最早的聚落地名。随着国家的产生，春秋战国时期出现了诸侯国名，秦汉出现了郡县名，以后还有府、路、省、州等各类地名，形成了一系列政区地名。至于山、河、湖等自然地名，也是随着人类活动的需要逐渐形成的。随着人类的进步和社会的发展，各类地名也在不断地演变与发展。一方面其读音、字形和含义随着语言文字的演变而变化；一方面其名称随着自然或社会环境的变化而被改造、被废除，且新的地名不断产生。但时至今日，多数地名诸如自然地名、聚落地名和县市名基本稳定，如历史悠久的山、河、湖、海等自然地名，则世代沿用、传承至今。

我国历史悠久，幅员辽阔，有很多世代传承的古老地名，堪称世界之最。伴随着中华民族历史的进程而延续不断的各类古老地名，积淀了丰富而深厚的文化内涵。其悠久的语词文化，揭示了一定区域语言文字的历史文脉，见证了当地自然、经济、文化及社会的历史沿革。其指代的地理实体所承载的历史文化、地理文化和乡土文化，翔实地记录了自然环境的变迁和先民利用自然与改造自然的足迹，记录了先民创造的各种文明成果，也记录了中华民族伟大复兴的进程。中国地名文化的延续性，使地名成为中华传统文化的活化石，成为中华民族历史的见证。

二、地名文化的区域性

在我国辽阔的土地上，大自然的面貌千差万别，有高山、冰川，有平原、湖泊、森林。人们经常活动的区域差异尤为明显，有熙熙攘攘、车水马龙的通都大邑，烟囱林立、机器轰鸣的工厂矿山，也有小桥流水、鱼肥稻香的江南水乡，还有"风吹草低见牛羊"的塞外牧场。自然环境和经济活动的区域差异造就了文化形态的区域差异，比如，从感性认识上说，由于温度和降水导致的南

北方气候差异，就表现在语言、文学风格、饮食、戏曲艺术、建筑材料与形制
等诸多方面。

地名作为语言词汇，其语词文化具有鲜明的语言区域或民族区域差异。中
国语言的区域差异显著，且与不同民族的分布区域相辅相成。全国讲汉语的人
口占总人口的95%，但不同区域方言差异很大。全国有7个汉语方言区，东
北、华北、西北和西南地区为北方方言区，区域广大且内部一致性较明确；东
南方的吴、闽、粤、客家、湘、赣各方言区，方言复杂，甚至在同一方言区的
各亚方言区之间竟有互相听不懂的问题。我国少数民族众多，语言十分复杂，
共有5个语系、30多个语种，而有些少数民族分别使用2—3个语种。汉语的
方言和少数民族语言的区域差异，导致地名语源文化复杂化。在历史上汉民族
长期活动地区，地名多属汉语地名；历史上民族交错地区，有些地名则未必是
汉语地名，"兴安岭"一名，若望文生义容易视为汉语地名，其实是锡伯语地
名。因为在大兴安岭一带历史上曾是锡伯族狩猎区域，故大兴安岭山地有许多
以锡伯语命名的地名。有些地名虽用汉字书写，但几个汉字之间无词（字）义
联系，虽知道它是少数民族语地名，但若辨别属于哪个民族语，则需要从该地
名所指称的地域、人群及历史情况分析。在少数民族地区，地名语源文化也是
千差万别。广西壮语地名长期以来沿用汉字和土俗字书写，但随各地方言的变
化，地名用字也各异。如"百色"一名形似汉语地名，实为壮语音译地名，因
壮语称河口为"百达"，洗衣叫"各色"，后来便指称这个地方为"百色"了。因
民族分布区域不同，地名语言之源千差万别。所以地名文化的区域性首先反映
在地名语源文化的差异性上。

地名所指代的地理实体承载着一定地域的文化信息，处在不同区域的地名
实体文化各不相同，分别具有所处地域文化的特色。由于历史渊源、地理环
境、经济状况、风俗习惯以及语言文字等诸多因素的差异，各具地方特色的区
域文化就在漫长的历史沉淀中形成了。如以河南为中心的中原文化，以山西为

中心的三晋文化，以两湖为中心的荆楚文化，以山东为中心的齐鲁文化，以陕西为中心的关中文化，以河北为中心的燕赵文化，以江浙为中心的吴越文化，以四川与重庆为中心的巴蜀文化和以两广为中心的岭南文化等。分布在上述不同传统文化区域的地名，特别是文化积淀深厚的古县、古城地名，其承载的地名实体文化具有显著的差异。如河南省的千年古县新郑的黄帝故里文化，揭示了中原地区是中华传统文化的重要发祥地；山东千年古都曲阜的孔子儒学文化，揭示了齐鲁文化在中华传统文化中的主导地位；河北省的千年古都邯郸和千年古县赵县、易县的地名文化，分别展示了赵文化和燕文化的渊源；四川省千年古县泸县出土的宋墓石刻，揭示了巴蜀地区独具特色的画像石文化；陕西省千年古县韩城的古城和民居建筑，展示了关中地区独具特色的古建筑文化。总之，不同区域的地名所承载的实体文化，成为所处地域特色文化的见证，古老地名成为中华传统文化的活化石。

三、地名文化的多元性

中国传统文化是中华民族在长久的社会生活和生产实践过程中所创造出的文明成就的汇聚与升华，其所及范围非常广泛，表现形式丰富多彩，诸如思想、学术、教育、宗教、典章制度、文学艺术、天文地理、科学技术、文化典籍、民俗风情、衣食住行等，无所不有。我国是统一的多民族国家，中华文化呈现多元一体的格局。中华传统文化的创造主体多元，历史悠久，这使得它拥有丰富多彩的表现形式和博大精深的内容意涵。

地名文化不仅包括了地名语词文化内涵，而且包括了地名实体承载的历史文化、地理文化和乡土文化等各种文化要素。可见，地名文化是一个广义的文化范畴。以千年古县、千年古城地名文化为例，一方面包含了地名语词的汉字书写、标准读法和名称的由来、含义及历史沿革等文化内涵；另一方面还包含了地名实体积淀的历史渊源、文物古迹、历代人物、历史事件、文学典籍等历史文化，地貌特征、经济概况、地理景观等地理文化，饮食、民居、服饰、礼仪、风俗、民间工艺等乡土文化内涵。地名文化是文化要素复合体。就地名文化的形态而言，既有物质文化又有非物质文化，既有自然景观文化又有人文景观文化，同样具有多元特征。

第七节 推动地名文化的传承与发展

一个国家或民族的强盛，很大程度决定于其民族精神，而民族精神是根植于它的文化土壤之中而又通过其民族文化加以体现的。所以，传承与弘扬中华民族优秀文化，不仅是建设社会主义先进文化的重要内容，也是国家强盛的必要措施。同样，地名文化作为中华民族文化的组成部分，推动其传承与发展，不仅是推进中国地名标准化事业的需要，也是投身社会主义先进文化建设的重要内容。

推动中国地名文化的传承与发展，必须坚持传统与现代、民族与世界、保护与发展并举、研究述往与前瞻并重相统一的原则。

一、传统与现代统一

历史是一条连绵不断的长河，在空间上不断地汇集着涓涓细流带来的生机，在时间上把过去、现在和将来紧紧地连在一起。因此，当我们探讨历史悠久的古老地名形成的传统地名文化与现行地名正在逐渐形成的现代地名文化的统一时，必须遵循这样一条历史规律，即一方面积极弘扬传统地名文化中富有生命力的内涵，一方面大力推进现代地名文化建设。

（一）积极弘扬传统地名文化

历史上形成的古老地名实体都积淀了深厚的文化内涵，成为中华传统文化的组成部分。遍布全国各地的孔庙、文庙等古建筑地名，以及各地收藏的古代典籍，都蕴含了深厚的儒学文化，它们是中华民族几千年文明史的结晶。其中有许多文化精华具有强大的生命力。如在儒学文化中所注重的"公利""诚信"等道德准则，"自强不息"和"匹夫不可夺志"的人格意识，"究天人之际，通古今之变"的进取精神,"为天地立心,为生民立命""为往圣继绝学,为万世开太平"的强烈使命感,"人生自古谁无死,留取丹心照汗青"和"天下兴亡,匹夫有责"的爱国精神等,仍然是今天推进现代化和加强社会主义先进文化建设的重要精神支柱。各地在地名规划中以派生的手法,以上述古建筑地名命名新生地名,是弘扬传统地名文化的方式之一。

（二）大力推进现代地名文化建设

地名文化,不仅是中华传统文化的组成部分,同时也是社会主义先进文化的一部分。当我们探讨传统文化与现代文化的关系时,立足点应该是现代。我们弘扬传统地名文化的立足点应以推进现代地名文化发展为基础。因此,必须走出传统去创造现代。当我们以现代意识认识传统地名文化时,传统地名文化中有生命力的东西就被带进了现代地名文化之中,成为构建现代地名文化的基础资源。这就是中国地名文化存在和发展的基本规律。因此,我们必须以历史唯物主义观点,将过去、现在和将来联系起来,遵循地名文化的历史文脉,通过继承、创新推动地名文化的发展。

根据国家地名管理法规,各地在地名命名更名的管理和编制地名规划中,都遵循了"尊重历史,立足现在,着眼长远"的原则。如对地名通名的处理,首先,积极传承历史上形成并世代沿用的各类地名的通名。其次,根据时代的发展和新文化理念的影响,审时度势,不断创新地名通名系统。地名主管部门在地名管理中或编制地名规划中,分别赋予新生各通名的命名标准,既使各通名的定位名副其实又提升了居民区的现代文化风韵。

可见,现代地名文化的建设,是以传统地名为基础,以社会主义先进文化为指引,以广大人民群众对文化的追求为契机,以地名主管部门的因势利导为动力的。

二、民族与世界统一

经过五千年的历史过程,中华文化已经形成较为稳定的独特体系。然而,这种稳定与独特，并非中华文化自身孕育的结果，而是在不断吸收和兼容国内的各民族文化与外来文化的过程中逐渐形成的。地名文化作为中国文化的组成部分，在当今全球化、现代化的新时代，特别是在联合国地名专家组致力于推进国际地名标准化新形势下，必须以开放的胸怀，在加强地名文化建设中，坚持民族与世界统一的原则，推动中国地名文化的发展与升华，使中国的地名标准化事业成为国际地名标准化的一部分。为此，我们在推动地名文化的建设与发展中，要站在中国看世界、站在世界看中国。

（一）站在中国看世界

五千年的中华文明是中国地名文化形成与发展的温床，源远流长、博大精深。如中国语言文字是世界上形成历史最久且从未断绝的语言文字。地名作为语言词汇，在汉语和少数民族语的滋润下，中国的地名语词成为构词严谨、书写规范、含义丰富的地名语词文化体系。这是我们今天推动地名文化建设与发展的坚实基础。然而，丰富多彩的世界各民族的语言文字使地名语词异彩纷呈，近年来我国各地（特别是城市）的新地名命名中以外来语词命名者日益增多，对此，我们应站在中国地名文化的坚实基础上，以开放的胸怀和取长补短的姿态，积极、审慎地吸纳外来文化中健康向上、新颖先进的部分，并加以兼容、丰富、升华中国地名文化的内涵。

（二）站在世界看中国

地名工作的根本目标是推行并逐步实现地名标准化。为此联合国地名专家组定期召开联合国地名标准化会议，组织推动各国的地名国家标准化，以此为基础进而推进地名国际标准化的进程。30多年来，我国地名标准化工作取得了长足发展，引起了国际社会的关注。在民政部领导下，民政部地名研究所以实施"中国地名文化遗产保护工程"为契机，加强了地名文化研究，取得可喜的成果。2007年8月，我国代表团出席第24届联合国地名专家组会议和第9届联合国地名标准化会议，阐明了我国开展地名文化遗产保护和加强地名文化建设的情况，得到了联合国地名专家组主席和教科文组织驻纽约代表的高度评价与支持，希望中国为世界地名文化遗产保护活动提供借鉴。因此，必须充分认识到，中国地名标准化事业和中国地名文化建设，是世界地名标准事业与地名文化建设的重要组成部分。要站在世界的高度认识、推进中国地名文化建设，主动接受联合国地名组织的指导，认真贯彻联合国地名标准化的有关决议，将中国的地名文化建设融入世界地名文化建设之中，积极吸收、借鉴世界各国地名文化建设的经验与成就，不断提升我国地名文化水平，并保持中华民族文化的独立性，将民族与世界统一起来。

三、坚持地名文化保护与发展并举

在华夏悠久历史中，积累了深厚、优秀的传统地名文化。各个历史时期留存下来的地名，既是人们世代口耳相传的地标符号，更是社会民生与人文创造的真实记录。人们把自己的情感倾注于地名，反映当时的地理环境、民俗风情，表现对美德的崇尚，对自然的祈盼，对未来的希望。由此可见，地名是一份宝贵的文化遗产。但是大量饱含着当地历史文化记忆的古老地名，被推土机扬起的尘土所湮没。面对新的形势、新的任务和新的课题，我们应清醒地意识到，保护地名就是保护历史。沿用老地名就是延续历史、传承文化，全面兼顾，正确处理地名的发展与保护，对促进地名文化的健康发展具有十分重要的现实与历史意义。

地名文化保护帷幕初开。2004 年 6 月，全国地名标准化技术委员会出台了《关于加强地名文化遗产保护的通知》和《关于开展"中国千年古县"认证工作的通知》等文件，标志着我国地名文化的保护工作正式拉开序幕。几年来，通过中国地名研究所的多方艰苦努力，地名文化保护已经取得了令人欣喜的成果。2007 年 8 月，第九届联合国地名标准化会议暨第 24 次地名专家组会议，确认地名"确属非物质文化遗产"，与会国家对我国地名文化保护和千年古县名申报、评定等工作一致表示认可和赞誉。地名作为非物质文化遗产的一部分得到了人们的关注，这是值得庆幸的。

保护与发展需要兼顾。在我国数千年地名文化的发展过程中，地名随着客观的变化而不断演进，始终处于一种动态。地名的兴衰与交替、消失与新生，地名的转化及其求雅求简求进等，从来不曾停顿。这种例子俯拾皆是、不胜枚举。地名是地方文化的重要组成部分，地名的新生、消失、转化，实际上是地方文化的自我更新和发展，从历史的眼光看，不宜机械地阻止其更新和发展，而宜正视这种跟随时代脚步所产生的必然，根据实际需要积极加以引导和规范，促使地名转化从以往的自然状态走向自觉和有序。保护地名可以根据不同情况运用多种形式和方法，使现有地名继续稳定沿用，或由其衍生、移植、派生发展，或对曾经有过后来消失的地名予以再用，或通过典、志、录加以记载，或通过设立标志与"申遗"加以彰显等，都是行之有效的保护方法，可以兼顾当地建设发展与保护的实际，全面综合权衡，选择采取适宜的保护措施。社会文明在不断发展，需兼顾传统文化根基的地名的发展和保护，才能双赢。针对具体问题，在谋划发展时不可忽视保护，在加强保护时兼顾发展。当前在地名管理与地名规划中，针对当地已对少数或个别地名有调整共识的情况下，通过严谨的论证和系统的规划，选择改建、扩建的适当时机，有计划进行适当的调整和优化，也是符合历史发展规律，符合社会文明进步与人们日益增长的文化需求的正确选择。

四、坚持地名文化研究述往与前瞻并重

我国的地名文化研究，从研究地名的主流时态上说，表现为"过去时""现在时""将来时"三个不同时态。其中立足"过去时""现在时"为主体的研究已有 2000 余年（这两个时态在不同时期的比重是有区别的），至今尚在延续，而在全国范围内大规模开展，且其研究的立足点以"将来时"为主体的时间，兴起于当代，只有 30 年。"过去时"和"现在时"研究的基本特点是对既已存在地名的述往型研究。2000 多年间的述往研究，积淀极为丰富。这些著述成果，既是后人借以延续研究的史料和依据，也是发展地方文化的肥沃土

壤。传承这些宝贵的文化财富，是当代进行地名管理与地名研究的重要责任。但 2000 年来对地名的著述与研究，从地名的时态上分类，其研究的主线、主流基本上是记述、考证、诠释、总结已存在的，或存在过的地名的指称位置、含义、命名缘由，地名沿革或记述有关史事及曾经存在的地名状况与规律，却不曾系统涉及和思考对地名未来发展的研究。

从一个独立学科自身的发展而言，仅进行述往的研究与著述，实际上只进行了地名研究，远不是地名文化发展研究之全部。完整的地名学科研究，既应述往知今，更应思考将来。所以，地名文化研究不可缺少的另一个重要方面，就是探索如何结合现实需要，对地名的未来发展进行研究思考，也就是要开拓地名研究述往与前瞻并重的新局面。

大规模全面启动对地名现状与未来的研究，基本上起步于 20 世纪后期。20 世纪 80 年代初进行的全国地名普查，开始了针对地名现状的广泛调查和考证，这一阶段对地名研究的立足点，在以往"过去时"基础上，全面进入了"现在时"，取得了丰硕成果。结束普查转入日常性管理后，地名工作者为满足改革开放初期城市建设迅速发展，大量新生地理实体命名的迫切需要，萌生了对地名进行提前拟名、命名的苗头，即开始有了对地名前瞻的思考，但是在管理工作部署和行动计划上依然处于沿袭习惯做法的被动状态。

20 世纪 80 年代中期，地名规划概念的提出与尝试性实践，打开了一扇通向谋划未来的窗口，逐步开始了在地名文化传承基础上对未来地名的系统思考和研究，它既继承了对地名"过去时""现在时"的研究，又开创了"将来时"研究的新视野及其研究的主流时态，由以往单一的述往研究转变为述往、察今与思来相结合的全方位研究。研究的思路为倚仗传统、立足现状、谋划未来，把三个时态的研究有机结合起来。显然，其研究目的、任务、方法、内容和要求都有别于以往。因此，有理由说，地名规划工作对地名研究与地名学发展的贡献，是改变了 2000 多年研究地名的惯性轨迹，弥补了学科研究的空白，建构和完善了地名学科研究的基本格局。当前城市地名规划工作的普遍开展，在全国范围内全面启动了对未来地名的科学谋划，从而推动了地名"述往""察今"与"前瞻"紧密结合的研究，使这株地名文化园地的"幼苗"获得了充足的营养。借助地名规划这一平台，既开拓了地名文化的新天地，又推动地名研究的大发展，当代地名研究表现出与时俱进的鲜明特点。当前需要重点加强对将产生地名的研究，以引导地名体系的科学构建，确保地名文化的健康发展。

第三章

武威的历史沿革与地名演变

第一节　武威地名的起源与演变

一、武威地名的起源与演变

地名是特定地理实体的指称，是一定地域的标志。地名不仅表明命名对象的空间位置，指明它的类型，还常常反映当地的自然地理或人文地理特征。从文化学的角度上看，地名是社会经济文化发展的产物，既有一个时代的文化特征，又具有相对稳定性，能保留较多的历史信息，积淀深厚的文化。对一个地域文化的研究，应包括对该地域地名的文化研究。同时，地名也是一个地域整体形象中重要的品牌形象辨识元素，具有重要的价值，研究或设计一个地区形象，离不开对该地区地名的研究与设计。

西汉初年，匈奴利用楚汉相争、中原大乱的机会，南越长城，不断侵扰河套地区和河陇地区，并占领了许多地方，对汉朝西部和北部构成严重威胁。西汉王朝经历长期的战争，国力空虚，无力抵御匈奴入侵，被迫采用和亲、进贡的方式换取暂时的安宁。至汉武帝时，经过 60 多年的休养生息，人口剧增、生产发展、经济繁荣、国力强盛，中央集权大大加强。汉武帝又派张骞两次出使西域，一方面了解掌握西域各国的政治、经济、军事等情况，另一方面联络西域各国共同抗击匈奴。当汉武帝了解到西域各国土地肥沃，物产丰饶，而匈奴又隔断了河西通往西域交通的情况后，毅然决定发动反击匈奴的战争。

公元前 121 年春，汉武帝命骠骑将军霍去病率骑兵 1 万多人发兵河西。汉军出陇西，越过焉支山，深入匈奴领地千余里，一路势如破竹，大败匈奴休屠王，占领了河西走廊东部，获得了匈奴的祭天金人，送交长安，史称"河西之战"。为纪念这战役的胜利、彰显大汉武功军威，汉武帝就把这块地方命名为"武威"。同年夏天，霍去病率兵数万再次进军河西，直扑匈奴主力，歼灭匈奴

3 万余人，打败了匈奴昆邪王，占领了整个河西地区。同年秋，损兵失地的昆邪王率众 4 万余人降汉。强盛一时的匈奴从此失去了河西这块赖以生存的膏腴之地。匈奴歌曰："亡我祁连山，使我六畜不蕃息；失我焉支山，令我妇女无颜色。"充分说明了匈奴受到的沉重打击和河西之战的重大影响。

河西战役胜利后，边患威胁基本解除，汉朝开始在这里置都设县，建立自己的政权体系。先设武威、酒泉二郡，后又从一部中分设张掖郡、敦煌郡，史称河西四郡（汉昭帝时又置金城郡，故又称河西五郡）。武威等河西四郡的建立及河西防务的加强，是我国政治、军事和中西交通史上的重大事件，有利于丝绸之路的开通和通畅。丝绸之路不仅对发展河西经济、文化起了极其重要的作用，而且对加强民族融合、促进国家统一、沟通亚欧交流起到了重要的保障作用。自此以后西域方物源源不断传入中国，大宛马、石榴、胡桃等经河西走廊传入中原。西域音乐舞蹈、绘画也为中国艺术增添了新的内容。佛教的传入，则对中国人的精神文化生活产生了深远影响。丝绸之路的开通使中国的丝织品以更大的规模向西输出，丝绸之路上成百上千的驼队络绎不绝。随着驼队的西去，中国的丝织技术、冶炼技术、凿井技术以及思想文化也传入中亚及西方，这无疑对中亚乃至西方的经济文化发展具有极大的促进作用。

在中国经济文化交流中，武威始终是一个重要的驿站，并逐渐发展成为长安以西的通都大邑。汉置河西四郡，也奠定了河西地区自汉以来城镇分布和行政区划的基本格局，一直延续至今。

相传尧时禹平洪水，将天下分为九州，西北属雍州；汉武帝时将雍州改为凉州，以地处西方、气候寒凉而得名。公元前 106 年，汉武帝为强化中央集权，将全国划分为十三州刺史郡，每郡置刺史 1 名。河西四郡及西北地区属凉州郡管辖，"凉州"之名自此始。当时的凉州治所在冀城一带（今甘肃天水境内），辖东至长安附近、西到玉门关一带的广大地区。

西汉政府为进一步巩固河西的统治，保证丝绸之路的畅通，开始大规模修筑边防塞障。从秦长城到敦煌，修筑了一条坚固的长城，每隔一段设置城堡和

烽燧，用来驻军和报警。今天的武威境内，东起天祝县，西至民勤县约有200
多公里的长城遗址，并有多处汉代烽燧遗址。凉州区长城镇和黄羊河农场境内
还有一段保存相当完整的长城及多座烽燧，这些都反映了当时长城的规模和夯
筑技术的成熟。在军事进攻和防御的同时，发展生产，解决边防军务之需，增
强经济实力是当务之急。西汉政府采取了徙民实边和屯田两大措施，屯田的开
发者主要是戍卒，徙民主要是中原贫民、戍卒家属和罪徒。他们是大规模开发
武威的先驱，也是我国有史记载的最早的军垦战士。汉政府给他们发放生产工
具，还给他们提供一定的住所、粮食和衣物，让他们进行农业生产。

　　屯田制是汉以后历代政府为取得军队给养或税粮，利用士兵和无地农民垦
种荒地的制度，有军屯、民屯和商屯三种。屯田始于汉武帝时期，以军队戍边
屯田，既解决了粮食供给问题，又便于阻止匈奴等游牧民族侵扰。汉文帝时，
大臣晁错就曾建议"徙民实边"。汉武帝时，赵充国建议屯田于边防，戍卫与
垦耕并顾，"自敦煌西至盐泽，往往起亭，而轮台、渠犁皆有田卒数百人"。此
方法既可使军民路途遥远交通不便之下自力更生，又可使兵力在守防时不白
废人力，是一举两得的构想。但是直到东汉末年，所有屯田的构想与实施都只
限于避免从异地长途运输粮食，解决边境守备军队之需，并不作为经济和社会
制度。

　　公元前169年，汉文帝以罪犯、奴婢和招募的农民戍边屯田，但当时屯田
主要集中于西北边陲，主要方式为军屯，且规模不大。军屯是驻守在边塞要地
和长城沿线的戍卒，一边戍边，一边耕田。军屯可分为两种类型，一种类型是
现役军人屯田，这是沿袭汉代的做法，随宜开垦，且耕且守。另一种类型是士
家屯田，用于屯田生产的士家包括从征将士的家属和尚未抽调的后备役兵士民
屯移民进行的耕田种植。

　　为发展农牧业生产，戍卒和移民兴修水利，开渠凿井，引用祁连山雪水和
地下水浇灌农田，解决人畜饮用难题。在这样大规模移民和屯田中，中原地区
先进的生产工具、生产技术和农事经验在西北得到推广和应用，品目繁多的粮

食、蔬菜、瓜果得到栽培和种植，加上重视水利设施建设，当时武威一带的粮食产量较高，接近中原地区。屯田制不仅在当时起了一定的积极作用，而且为后世开创了一种寓兵于农、兵农合一的先例，为历代封建统治阶级不同程度地仿效，在中国政治、经济、军事发展史上占有重要的地位。

当时的统治者采取了正确的政治、经济、军事措施，以畜牧业为主的游牧民族逐步到武威定居，并与当地汉族等民族融合，农业逐渐成为主要的经济形态。这一时期的武威经济繁荣、人口增多，是当时比较富庶的地区之一。

二、武威市基本情况

武威位于甘肃省中部、河西走廊东端，是欧亚大陆桥、内地关中的重要屏障，"通一线于广漠，控五郡之咽喉"，也是中国旅游标志——"铜奔马"的出土地。1986 年被国务院列为"中国历史文化名城"和"中国对外开放城市"，2001 年经国务院批准撤地设市，2005 年被列为"中国优秀旅游城市"，2012 年被列为"中国葡萄酒城"。现辖凉州区、民勤县、古浪县和天祝藏族自治县。全市有 84 个镇、9 个乡、9 个街道办事处、1054 个行政村。总面积 3.23 万平方公里，现有耕地面积 638.47 万亩，常住人口 144.5 万人，其中城镇人口 71.3 万人、乡村人口 73.2 万人，聚居着汉、藏、回、蒙等 41 个民族。

武威是丝绸之路由东向西进入河西走廊后的第一重镇，已有 2000 多年的历史，这一座历史悠久的文化古城，是著名的汉魏名郡、五凉古都、盛唐大邑、西夏陪都、明清重镇以及现代典范之城，武威自绿洲而始，因丝路而兴。

武威古称凉州，因雄才大略的汉武帝为彰显大汉帝国的"武功军威"而得名武威，历史上曾经是"丝绸之路"要冲，河西四郡之一，当年从长安出发，西至武威、张掖会合。再沿河西走廊至敦煌向西，武威一度成为中国西北仅次于长安的通都大邑。从唐代开始，古凉州一直是河西节度使的驻地，商业兴隆，经济发达，为河西政治、经济和文化中心。

武威城区内划定了文庙、古钟楼、罗什寺 3 个历史文化街区，中国旅游标志"铜奔马"、中国简牍学的奇葩"武威汉简"、"西夏文活字典"西夏碑、"陇右学宫之冠"武威文庙、"石窟鼻祖"天梯山石窟、西藏正式归属中央政府行政管辖的历史见证地白塔寺、鸠摩罗什舍利塔等最负盛名。穿境而过的明长城，星罗横布的烽燧、驿、堡、寨等古遗址，都体现了厚重的边塞文化。

姑臧城是甘肃境内的三座匈奴古城之一，也是武威最早的城池。汉初，由匈奴休屠部的首领休屠王所建，原名盖臧城。汉武帝为开辟中西交通，派大将卫青、霍去病击退匈奴后，在此设置武威郡，时称凉州牧。姑臧城改变了传统的宫南市北的王都建筑布局，创造了一反旧制的宫北市南的新格局，姑臧城被学术界称为"王都鼻祖"。

武威文庙是西北地区建筑规模最大、保存最完整的孔庙，是全国三大孔庙之一。它始建于明，古称"陇右学宫之冠"，由儒学院、孔庙、文昌宫组成，是一组规模宏大、气势雄伟、布局严谨、雍容典雅的古建筑群。

五凉时期，武威佛教兴盛，天梯山石窟、海藏寺、鸠摩罗什寺均始建于五凉时期且保存至今。天梯山石窟，是古印度石窟犍陀罗艺术在中国的首次实践。

武威是中国旅游标志——"铜奔马"的出土地。铜奔马又叫"马超龙雀"，马首高昂，三足腾空，右后蹄踩踏的"龙雀"是整个铜塑的支撑点。铜奔马造型雄健，富有动感，是当世罕见的艺术珍品。

人们熟知的唐代凉州词、西凉乐伎，也体现了武威厚重的历史文化。三千里丝绸之路，五千年华夏文明，武威文化丰厚朴实，长远辽阔，多元并蓄，在中国历史上拥有一席之地。

第二节　武威历史区划沿革与地名演变

一、历史沿革

武威，早在原始氏族公社时期就有人类活动。新中国成立后，在城北皇娘娘台齐家文化遗址出土的大量文物中，有一批红铜质的小铜器，这足以证明四千年前居住在这里的劳动人民已开始使用铜器。

古代中国分为九州，今武威地属雍州。春秋以前，武威地属西戎住地，战国至秦朝为月氏势力范围。秦末匈奴赶走月氏，为休屠王辖地。西汉武帝元狩二年（前121年）春，骠骑将军霍去病率领数万骑兵，出陇西袭击匈奴，越过了焉支山。夏，又出北地击匈奴，至祁连山，两次击退匈奴。同年秋，驻牧于河西的匈奴浑邪王杀休屠王后降汉，汉朝即先后在河西地区设置武威、酒泉、张掖、敦煌四郡，史称"河西四郡"。四郡的设置，不仅切断了匈奴和西羌的联系，而且开辟了中原通往西域的道路，为中国和中亚、欧洲的经济、文化交流奠定了基础。

西汉元狩二年（前121年），汉武帝在原休屠王领地（今民勤县东北部）置武威郡，治武威县，属凉州刺史部。东汉武威郡移治姑臧县。三国曹魏将凉州移治姑臧县。北魏为武威、昌松、武兴、武安、魏安等郡地，武威郡治林中县，昌松郡治昌松县，武兴郡治晏然县，武安郡治襄武县，魏安郡治昌松县东，属凉州。西魏废武安郡。北周废昌松、武兴、魏安三郡，入武威郡。

十六国时，姑臧为前凉、后凉、南凉、北凉国都。北魏改林中县，西魏复名姑臧县。

东汉时，姑臧仍为武威郡治所。当时，武威郡属凉州刺史部（治所在陇，今张家川回族自治县）。凉州，因地处西方，常寒凉，故名。

姑臧素以富饶著称。姑臧城不仅是当时"丝绸之路"上的闹市，而且是河西地区各族之间经济交流的中心。《后汉书·孔奋列传》称："（两汉之际）天下扰乱，唯河西独安，而姑臧称为富邑，通货羌胡，市日四合。"《读史方舆纪要》称其地"山川险厄，土田沃饶，自汉开河西，姑臧尝为都会。……不特河西之根本，实秦陇之襟要矣"。在新华公社磨咀子汉墓群出土的武威汉简、织锦针线盒、丝麻织物，在旱滩坡出土的汉代医简、东汉古纸，在雷台汉墓出土的"铜奔马"等珍贵历史文物，就是古凉州经济、文化发展的见证。

三国、西晋时期，姑臧均为凉州和武威郡治所。东晋十六国时期，汉族张轨建立的前凉（301—376 年）、氐族吕光建立后凉（386—403 年）都以姑臧为都城；鲜卑族秃发傉檀建立的南凉和匈奴沮渠蒙逊建立的北凉，也一度定都于此。沮渠蒙逊还曾在姑臧南百里的天梯山大造佛像，这就是著名的武威天梯山石窟。西晋永嘉之乱后，凉州较为安定，关中及中原儒生纷纷前来避难，姑臧成为西北地区的文化中心。陈寅恪在《隋唐制度渊源略论稿》中说："其文化上续汉、魏、西晋之学风，下开（北）魏、（北）齐、隋、唐之制度，承前启后，继绝扶衰。"姑臧人段承根、阴仲达，在北凉灭亡后都入仕北魏，司徒崔浩曾称二人为"凉土才华"，推荐他们同修国史，除著作郎。北魏太武帝拓跋焘太延五年（439 年）灭北凉，孝文帝拓跋宏于太和十年（486 年）置凉州，今武威属凉州武威郡管辖。北周置凉州总管府，今武威属凉州总管府武威郡管辖。

新朝初始元年（公元 8 年）十二月，王莽接受孺子婴禅让后称帝，即新始祖，改国号为"新"，改长安为常安。王莽称帝后，改凉州为雍州，归新朝管辖，武威郡统辖姑臧、张掖、媪围（景泰县）、播德、救虏、郭楚、官楚（宣威县）、西楚（武威县）、南楚、北楚、传武、勒治、揭虏、罗楚、居成、左骑、晏然（休屠北部都尉）及张掖属国，姑臧县为雍州州治。

玄汉更始二年（公元 24 年），窦融被封为巨鹿太守。当时，关内战乱未止，政权并不稳定。窦融权衡各方利弊，拒绝前往巨鹿，而是举族西迁，屯垦河西，占据武威、酒泉、张掖、金城、敦煌五郡。窦融后来被武威太守梁统等推举为河西五郡大将军、凉州牧，建河西五郡大将军府、凉州牧府。从此窦融据武威，后在武威筑窦融台，这窦融台就是河西五郡大将军府、凉州牧府遗址。

东汉兴平元年（194年）六月，武威郡为雍州州治，领14县，为姑臧、媪围、武威、休屠、揖次、鸾鸟、扑撰、宣威、苍松、鹯阴、祖厉、显美、左骑千人官、张掖。

曹魏黄初元年（220年）十月，重置凉州，辖武威等7郡，州治武威郡姑臧县，武威郡领姑臧、媪围、宣威、武威、揖次、苍松、显美、骊靬、祖厉、休屠、鸾鸟、扑撰、鹯阴、张掖共14县。

西晋泰始二年（266年），武威郡为凉州州治，辖姑臧、媪围、休屠、宣威、揖次、昌松（即苍松）、显美、骊靬、番和9县。

东晋大兴五年（318年），张轨建立前凉，建元永安，设置凉州、河州、沙州、定州、商州和秦州6州。武威郡属凉州，领姑臧、媪围、祖厉、宣威、揖次、苍松、显美、骊靬、鹯阴、番禾10县。

太元十一年（386年）十月，吕光改元太安，定都姑臧，史称后凉。后凉辖武威等26郡，武威郡领姑臧、祖厉、宣威、揖次、显美、骊靬和鹯阴7县。

隆安元年（397年）正月，河西鲜卑族秃发乌孤自称大都督、大将军、大单于、西平王，建元太初，建都西平（今青海西宁），是为南凉。

义熙四年（408年）十一月，秃发傉檀称凉王，都城移至姑臧，置武威郡等14郡及邯川护军。武威郡隶属凉州，领姑臧、祖厉、宣威、揖次、显美、骊靬和鹯阴共7县。

隆安元年（397年）五月，沮渠蒙逊创建北凉，置有凉、秦、沙3州。武威郡隶属凉州，仍领姑臧、祖厉、宣威、揖次、显美、骊靬、鹯阴7县。

北魏太平真君二年（441年）九月十九日，永昌王拓跋健去世，谥号庄王。这是拓跋焘攻打北凉一箭三雕中的第二雕，北魏设立凉州镇。北魏时期的凉州有凉州镇都大将和姑臧镇都大将，凉州镇和姑臧镇并存，是州镇中存在县镇，是北魏历史上的独创。

太和十四年（490年），武威郡辖林中（姑臧）、襄城二县，将原来的武威郡分为武威郡和武安郡，武安郡领襄武县，为武安郡治，此地有著名的家族莫折氏，西魏末废。北魏只有一个襄武县，就在原武威郡境内。

西魏大统元年（535年），灭北魏，据凉州，置凉州刺史，凉州置武威、昌松、魏安、番禾、广武5郡。武威郡领姑臧、林中、襄城、显美4县。

北周武成元年（559年），春正月己酉，太师、晋公护上表归政，帝始亲览万机。军旅之事，护犹总焉。初改都督诸州军事为总管，置凉州总管府，治所姑臧，统武威、广武2郡。武威郡领姑臧、昌松、白山、力乾、安宁、广城、鄣县、燕支共8县。

隋朝时，武威郡仍治姑臧。唐玄宗天宝时凉州改武威郡，唐肃宗时复称凉州，治所均在姑臧。唐睿宗景云二年（711年）置河西节度使，统兵七万三千人，马一万九千四百匹。河西一镇的设置，用意在隔断吐蕃和突厥之间的交通，守护河西走廊，使"丝绸之路"畅通无阻。中唐诗人张籍《凉州词》："边城暮雨雁飞低，芦笋初生渐欲齐，无数铃声遥过碛，应驮白练到安西。"描述了当年"丝绸之路"的盛况。边塞派诗人高适、岑参都曾到过姑臧，留有描绘了凉州城繁荣的诗篇。安史之乱后，唐室日衰，唐代宗广德二年（764年），凉州为吐蕃所有。

隋开皇初废郡为凉州，后废州复为武威郡。唐为凉州治，"安史之乱"后废，入吐蕃。唐武德二年（619年）又改为凉州，天宝元年（742年）复为武威郡，乾元元年（758年）复称凉州。广德二年（764年）后被吐蕃占据。北宋景德中叶为西夏西凉府，后为西夏占据。元至元十五年（1278年）属甘肃行省永昌路。明为凉州卫、镇番卫、古浪所、庄浪卫地，属陕西省甘肃镇。清雍正二年（1724年）置凉州府，辖武威、永昌、镇番、古浪、平番5县，府治武威县，属甘肃省。

北宋初年，武威属西凉府。仁宗天圣六年（1028年），西凉府被西夏占领。

现存的全国重点保护文物《重修护国寺感应塔碑》就是西夏崇宗天祐民安五年（1094 年）所刻，碑阳为西夏文，碑阴为汉文，碑文称："武威当四冲地，车辙马迹，辐辏交会，日有千数。"这足以说明西夏西凉府在经济、交通方面所处的重要地位。

元朝初年，武威属西凉府，至元十五年（1278 年）属永昌路西凉州（永昌路治所在今武威城北三十里的凉州区永昌镇）。1227 年，元朝灭西夏，凉州这块宝地又一次易主，成吉思汗也在对西夏的远征中去世，凉州分封给了成吉思汗的孙子窝阔台次子凉州王阔端，治所凉州。

明太祖洪武九年（1376 年）改西凉州为凉州卫，属陕西行都指挥使司。洪武五年（1372 年），明朝置凉州卫和庄浪卫（今永登），统领河西地区。洪武十二年（1379 年）正月，明朝在庄浪设置陕西行都指挥使司，统领河西各卫所。

清朝顺治元年（1644 年），凉州承明制，甘肃分治，改为西宁道、凉甘道，辖凉州卫、镇番卫、永昌卫、庄浪卫、古浪守御千户所、平番（永登县全境、景泰县部分），同时凉州管辖青海、宁夏、新疆东部、内蒙古西部。其后雍正设立正一品凉州将军，于凉州城，为上三旗中的正白旗，为皇帝直辖。

雍正二年（1724 年）改凉州卫为凉州府，治所在武威县。凉州府领五县：武威、永昌、镇番、古浪、平番。乾隆二年（1737 年）筑满城（在今武威城东北三公里处，现名新城），周围七里三分，有四门。乾隆、嘉庆、道光时，武威经济比较繁荣，文化比较兴盛，张澍、张美如、李铭汉等本土大家都有不凡的文学及艺术成就。

1912 年，废州制，凉州府五县属甘凉道。1912 年为甘凉道。1913 年废府存县。

1927 年，废甘凉道，将其五县直属于甘肃省。

1935 年，民国政府将全省划为七个行政督察区，以原来的甘凉道为第六行政督察区，专员公署设在武威，辖武威、永昌、民勤、古浪、永登等县。武威辖张义、靖边、古城、大河、白塔、大柳、金羊、永昌、双城、丰乐、西营、金塔 12 个乡及青云、龙门两镇。

1936 年底，中国工农红军西路军进入武威县境内，后向永昌县进发。

1936 年为第六行政督察区。

1949 年 9 月设武威专区，辖武威、民勤、永登、古浪、天祝、永昌、景泰 7 县，专员公署驻武威县。1955 年撤销武威专区，并入张掖专区。

1949 年 9 月 16 日，武威解放，从此进入了新的历史时期。武威县为武威专区所在地，武威专区曾辖武威、古浪、民勤、永昌、山丹、张掖、民乐、临泽、永登、天祝、景泰等县和阿拉善右旗。1955 年至 1961 年撤武威、酒泉专区并为张掖专区。1961 年后仍恢复武威专区建制。武威地区行政公署辖武威、永昌、民勤、天祝、古浪、景泰 6 个县。

新中国成立后的武威县，行政区划也几经改变。1949 年，全县设 13 个区，即金塔、金羊、永昌、丰乐、双城、西营、大柳、白塔、古城、大河、张义、靖边、城关。

1952 年增加为 18 个区，即金羊、金塔、红崖、白塔、永昌、双城、西营、丰乐、古城、大河、靖边、张义，城关、清源、河东、下双、怀安、南营。

1955 年合区划乡，将原来的 18 个区并为 11 个区，一个镇，即金羊、金塔、红崖、双城、西营、丰乐、古城、张义、清源、下双、黄羊区和城关镇，下辖 80 个乡。1955 年底撤区并乡，将 80 个乡合并为 40 个乡，即清源、长城、中坝、金羊、羊下坝、金沙、下双、九墩、四坝、永昌、和寨、双城、洪祥、大柳、清水、南营、河东、中畦、黄羊、谢河、六坝、青林、怀安、中心、柏树、松树、西营、新华、高坝、古城、五和、大河、二坝、金山、张义、中路、截河、沙金台、铧尖、南山乡。至 1956 年 8 月，将铧尖、南山乡划归天祝藏族自治县，至此全县共有 38 个乡。

1958 年，全县又将 38 个乡调整为 17 个人民公社和一个镇，即丰乐、金羊、大柳、大河、清源、张义、下双、怀安、西营、金塔、新华、高坝、古城、黄羊、双城、永昌、河东人民公社和城关镇。

1961 年复设武威专区。

1962 年,全县改设为 9 个区,53 个人民公社,一个城关镇。金羊区下辖金沙、金羊、新鲜、羊下坝、中坝、下双、九墩 7 个人民公社;永昌县下辖和寨、永昌、南安、石羊、双城、四坝、洪祥 7 个人民公社;丰乐区下辖怀安、五和、康宁、丰乐、金山、青林、永丰 7 个人民公社;西营区下辖西营、红星、松树、柏树、金塔、和平 6 个人民公社;高坝区下辖高坝、新华、六坝、建设、南营 5 个人民公社;大河区下辖大河、东河、中畦、校尉、韩佐、古城 6 个人民公社;清源区下辖清源、清水、长城、发放、大柳、双树 6 个人民公社;黄羊区下辖谢河、广场、河东、二坝、七里、庙山 6 个人民公社;张义区下辖张义、中路、上泉 3 个人民公社。1964 年,将永昌县的石羊公社并入该区的南安、永昌、四坝公社,至此,全县有 9 个区,52 个人民公社,一个镇。

1968 年至 1980 年,县、区、镇、公社、街道、各级人民政府均改为革命委员会。1980 年后恢复各级人民政府建置。

1970 年改称武威地区,3 月永登县划归兰州市,内蒙古自治区阿拉善右旗划归武威地区。

1971 年,天祝藏族自治县的祁连和旦马公社划给本县后,归高坝区管辖,全县即成为 9 个区,54 个人民公社,一个镇。

1979 年 7 月阿拉善右旗划归内蒙古自治区。

1980 年,新成立了黄羊镇和吴家井公社(属张义区)。目前,全县共有 9 个区,两个镇,55 个人民公社。

1981 年 2 月永昌县划归金昌市。

1985 年 4 月武威县改为武威市(县级),5 月景泰县划归白银市。至此,武威地区辖县级武威市及民勤、古浪和天祝藏族自治县三县一市。

2001 年 10 月撤销武威地区,设立地级武威市。辖武威市、古浪县、民勤县和天祝县 1 区 3 县。

第三节　重大历史事件与地名更迭

秦始皇统一六国后，在全国范围内推行的郡县制是两级地方政区制度，即中央管辖郡，郡管县。西汉初沿袭秦制，虽然也分封了诸王，郡国并行，但基本上仍然是二级制。汉武帝创立了监察区域的十三州，但这并非行政单位。东汉末年，南阳太守刘焉以州刺史仅有监察的权力应对黄巾军起义，但因力量太弱，不利于平息黄巾军，遂建议改刺史为州牧，使之可以行使行政大权，地方政区亦由此变成了州、郡、县三级制。此后各朝代一直采用这样的三级制。

一、王莽改制

初始元年（公元 8 年），孺子婴（刘婴）禅位于王莽，王莽称帝，改国号为新，改长安为常安，定为都城。王莽掌权后，为了缓和尖锐的阶级矛盾，颁发诏令，进行改制。王莽改制是新朝皇帝王莽为缓和西汉末年日益加剧的社会矛盾而采取的一系列新措施，从而进行全面社会改革，其核心依据是儒家经典《周礼》，具体内容包括土地改革、币制改革、商业改革和官名、县名改革等内容。

王莽在位的十六年，一直试图通过改制来缓和社会矛盾，树立威信，巩固统治。王莽仿照《周礼》的制度推行新政，屡次改变币制，更改官制与官名，并且以王田制为名，恢复井田制。还把盐、铁、酒、铸币、山林川泽收归国有。将耕地重新分配，又废止奴隶制度，建立五均赊贷（贷款制度）、六筦政策，以公权力平衡物价，防止商人剥削，增加国库收入。而刑罚、礼仪、田宅车服等仪式，也恢复到西周时代的周礼模式。

王莽的改制不仅未能挽救西汉末年的社会危机，反而使各种矛盾进一步激化，由于政策多有不合实情之处，百姓未蒙其利，先受其害，朝令夕改，使百姓官吏不知所从，不断引起贵族和平民的不满。而在这次"王莽改制"事件中，地名也成了其大刀阔斧改革的试验田。

王莽掀起了空前绝后的改名运动，无论地名、官名、建筑名几乎都被更改，而且还任意调整行政区划和行政部门的职权。有的地名几次修改，最后又改回原名。官吏和百姓根本记不住，所以每次颁发诏书和公文，都要在新名后注旧名。这不但影响行政效率，造成浪费，而且使得官民排斥改制。

王莽要匈奴改为"恭奴""降奴"，将"单于"改为"善于""服于"，改"高句丽"为"下句丽"。他又轻率地决定动用武力，不仅导致边境冲突，还使数十万军队长期陷于边疆，无法脱身，耗费了大量人力物力，还给北方民众带来深重的灾难。

以河西四郡为例，汉武帝于元狩二年（前 121 年）设立酒泉郡、武威郡，元鼎六年（前 111 年）分立张掖郡、敦煌郡。四郡共辖 35 县，7 万余户，28 万余口，是个不小的区域。新朝时武威郡"莽曰张掖"，张掖郡"莽曰设屏"，酒泉郡"莽曰辅平"，敦煌郡"莽曰敦德"。四郡全改，连同隶属的县也改了大半，甚至连甲渠鄣这样的小地方都改成了甲沟鄣。

二、隋朝时期的郡州改革

隋朝行政区划，在短暂的历史中仍发生两次重大变化。一次是隋文帝废除郡，一次是隋炀帝易州为郡。

隋朝之前的实行的州、郡、县三级制，因为经历诸多政权的频繁更迭，各政权设置州郡过多，州由最初的 20 多个州增加至 200 多个州，而郡一级则由汉代的 100 多个郡增加至六七百个郡，政区混乱、官员庞杂、行政效率低下。因此，隋文帝接受兵部尚书杨尚希的建议，在开皇三年（583 年）下令罢天下诸郡，改州、郡、县三级制为州、县两级制。这是"郡"首次被废除。

仁寿四年（604 年），隋炀帝杨广即位。杨广在位期间，凿修大运河，营建洛阳（东都）、迁都洛阳，改州为郡；改度量衡依古式。但其频繁发动战争，加之滥用民力、穷奢极欲，导致大规模农民起义。大业十四年（618年），宇文化及发动江都兵变，杨广为叛军所缢杀。

杨广在位期间，将所有的州改为郡，实行郡县二级制，从形式上恢复到了秦朝时的区划架构。隋炀帝在修改地名方面，跟王莽也有几分相似。

自两汉传下来的州、郡、县三级行政，经过了南北乱世的各种侨置、析置，到隋朝建立的时候已是冗杂不堪，开皇三年（583年），隋文帝废郡，改用州县二级制度。但是到了隋炀帝即位后的大业三年（607年），诏改州为郡，州县二级改成了郡县二级。

仍以汉河西四郡为例，武威、张掖、酒泉、敦煌四郡，在隋文帝的时候分别叫凉州、甘州、肃州、瓜州，隋炀帝即位之后，除去废为福禄县的肃州不说，其他的三个又成了武威郡、张掖郡、敦煌郡。在这次改州为郡中，一般是采用汉郡旧名。但西汉只有103郡国，隋却有190郡，因此汉朝名字不够用，隋炀帝还创立不少新名。

三、唐朝时期的郡州废立

隋炀帝"改州为郡"十年之后，唐高祖李渊于武德元年（618年）"六月十九日，改郡为州"，州中设立刺史，复实行州县制，即把隋炀帝时期采取郡县制又改成了州县制，这是"郡"第二次被废。

武则天于天授元年（690年）九月，改唐为周，并且她称帝后也想新的变化，曾下诏改州为郡，但有人谏言"州和周同音，废州不祥"。因此，改州为郡的命令就被废止了。

武则天没能成功改州为郡，唐玄宗于天宝元年（742年）正月二十日将州改为郡，改州刺史为郡太守。

玄宗去世后，李亨即位，是为唐肃宗。至德元载（756年）十二月十五日，又改郡为州，郡太守为州刺史。自此之后，再未将州再改回郡。

这次又是一场全国性的运动，比如关内道华州于天宝元年改为华阴郡，河南道陕州天宝元年改为陕郡，河东道晋州天宝元年改为平阳郡，岭南道万安州天宝元年改为万安郡，等等。

还是以河西四郡为例，《旧唐书·地理志》记载，武威、张掖、酒泉、敦煌四郡，在唐朝变动如下：

> 凉州中都督府隋武威郡。武德二年，平李轨，置凉州总管府，管凉、甘、瓜、肃四州。……天宝元年，改为武威郡，督凉、甘、肃三州。……乾元元年，复为凉州。
>
> 甘州下隋张掖郡。武德二年，平李轨，置甘州。天宝元年，改为张掖郡。乾元元年，复为甘州。
>
> 肃州下武德二年，分隋张掖郡置肃州。八年，置都督府，督肃、瓜、沙三州。……天宝元年，改为酒泉郡。乾元元年，复为肃州。
>
> 瓜州下都督府隋敦煌郡之常乐县。武德五年，置瓜州，仍立总管府，管西沙、肃三州。……天宝元年，为晋昌郡。乾元元年，复为瓜州。

第四章 ～

武威地名文化的特点

第一节　武威市地名文化资源概述

武威市历史悠久，文化底蕴深厚，地名文化资源丰富。凉州位于河西走廊东端，曾经是著名的"丝绸之路"要冲，是中原与西域的交通咽喉。自汉武帝设立河西四郡以来，历代王朝先后在凉州设郡置府，曾为丝路重镇、河西都会，是西北地区重要的政治文化中心、战略要地和通都大邑，并形成了在中国文化史上占有重要地位的"凉州文化"。悠久的历史和丰厚的文化，也孕育了源远流长、内容丰富、古色古香的地名文化。

一、历史积淀

武威是古丝绸之路的要冲，素有"通一线于广漠，控五郡之咽喉"之战略重地之称。早在5000多年前，这里就有人类活动。张骞出使西域开通"丝绸之路"后，这里成为中西方文化交流的重要驿站和商埠重镇。汉辟河西四郡，武威始设郡县，为彰显其"武功军威"而得名。汉武帝元封五年（前106年），设十三州刺史部，武威属凉州刺史部。三国时期，魏文帝曹丕于黄初元年（220年）复置凉州，州治姑臧。十六国时期的前凉、后凉、南凉、北凉以及隋末大凉政权都曾在此建都，使凉州成为当时具有全国意义上的三大据点之一。唐时先后为凉州总管府、都督府、河西节度使治所，一度成为中国西北仅次于长安的通都大邑。西夏时为西夏辅郡，其地位仅次于都城兴庆府（今银川）。元朝成吉思汗之孙西凉王阔端与西藏宗教首领萨迦班智达在凉州白塔寺举行了著名的"凉州会盟"，奠定了西藏正式归属中央政府行政管辖的基础。明清以来，文化传承不辍，"文风甲于秦陇"，享有"银武威"之美誉。明代以文庙扩建为标志，儒学达到了新的高度。清代创立了成章书院、北溟书院、雍凉书院等众多书院，"人文荟萃，英才辈出"，文教事业得到了蓬勃发展，出现了"书城不夜"的浓郁文化氛围，对后世文化事业产生了深远而广泛的影响。厚重的历史积淀为武威地名文化奠定了重要基础。

二、文化特色

武威是一个既有足够历史长度，又有足够文化厚度的城市。得天独厚的自然地理条件和悠久灿烂的历史文化使其成为中原王朝经营西域的战略要地。农耕文明与游牧文明、中西方文化、多民族文化在这里交汇融合，形成了在中国文化史上占有重要地位的"凉州文化"。汉唐文化、五凉文化、西夏文化、佛教文化、民俗文化等地域文化特色浓郁，构成了凉州文化的丰富内涵，积淀了凉州深厚的历史文化底蕴，在中国文化发展史上留下了辉煌灿烂的绚丽篇章。以文庙、雷台、鸠摩罗什寺、大云寺、海藏寺、白塔寺、天堂寺、天梯山石窟等为代表的名胜古迹，和以东汉铜奔马、汉代简牍、西夏碑等大量高等级文物，以及国家级非物质文化遗产凉州贤孝、武威宝卷、凉州攻鼓子、华锐藏族民歌、天祝土族格萨尔等，都是凉州文化辉煌灿烂的历史见证。丰富多彩的文化特色为武威地名文化铺设了一层鲜明的文化色彩。

三、地名文化

武威文化底蕴深厚，其城市、乡村地名既具有深厚的历史文化底蕴，又显示出独特而鲜明的地域特色。厚重的历史和丰富的地名文化遗产资源，是历史留给武威人民的巨大财富，给凉州这片古老神奇的土地增添了无穷的魅力。

武威地名除它们的本意之外，还有其历史的、文化的、社会的、民族的等各方面的意义，每一个地名都折射出武威历史文化的变化。因此，武威市的地名文化具有历史性、延续性、地域性和多元性等显著特征。武威的大多地名具有较好的稳定性、继承性，在传承千百年以来的地名中，让人们还能了解到先人的历史典故，使老地名成为武威市乃至河西地区文明的记忆。

　　武威市的历史地名作为一种文化遗存，与当地的民俗、传说、历史人物等密切相关。以传统村落为例，其命名方式虽有不同，但都包含了深厚的文化。从宏观方面而言，武威市城市、乡村地名中保存着大量的农耕文化、游牧文化、军旅文化、交通文化、政府机构特征、姓氏文化等痕迹。又因为武威自古为多民族聚集之地，各民族因文化传统、宗教信仰、经济水平的不同而形成了本民族独特的地名文化体系，因此武威城市、乡村地名的特征鲜明独特。要以此为基础，认真分类梳理武威丰富多彩、历史厚重地名文化资源，大力推动地名文化资源的保护、传承和利用，从而推动乡村振兴和经济社会高质量发展。

第二节　武威地名文化产生的背景

地名是对一个地方的初印象，是"门面"，也是"符号"，如同沉积岩记录着地质变迁，地名也留存着文明演化的印记，它似一条通道，连接了今天的我们和过往的历史。

一、自然造化是地名的自然之理

中国地名中因自然而生的占绝大多数，以方位为基准，按山水标记，成为早期中国人为地方定名的传统。河北的滦县因滦河得名，内蒙古的呼伦贝尔市则取名周边的呼伦湖与贝尔湖，武威天祝县的祁连镇则因地处祁连山脚下而得名。

"山水方位"是一个庞大的地名家族。相较于现代社会常用"东南西北"来指明方向，在中国古代，用"阴阳"来代表方位似乎更加普遍，在海量的中国县市级的地名中，"撞名"概率最高的字很可能就是"阳"了。"阳"代表山之南，水之北，日光所照之地，不仅包含着古人对中国地理方位的认知，也镌刻了传统道家文化的印记。一山一水作为参照物，按照"山南水北阳，山北水南阴"的原则，就形成了简单的公式：地名由两字构成，前一个字指某山某水，后一个字则用阴或阳。比如洛水之北谓之洛阳，衡山之南称之衡阳，又比如淮河之南的淮阴、华山之北的华阴。比如，武威市凉州永昌镇的山高村、烟下村。

"河流段位"是另一种常见的定名方式。中国人喜欢择水而居，位于江河附近的地区一般土壤富饶，人口密集，河流呈线条状，界线明确，不同段位都投射在地名中。河流源头处为"某源"，如婺源、济源；位于水边取"临""浦"

等，如临汾、临川；河流汇合处多用"合"，如合肥、合川、合漳；下游或者出海口多称"门""口"，如海门、江门、江口。武威市凉州区黄羊河农场、高坝镇、四坝镇、羊下坝镇、金河镇、河东镇，民勤县的东坝镇、东湖镇、西渠镇，天祝县的打柴沟镇、大红沟镇，古浪县的泗水镇、黄羊川镇等都是以河流命名的地名。

二、人文赋予是地名的文化内涵

千百年来，以经世济民为己任的儒者，将忠孝仁义写在了中华大地上，每一个地名似乎都蕴藏着丰富的内涵和故事。

以"忠孝"命名的地点，多因典故得名。比如唐太宗李世民因感念战国时期巴国将军巴曼子"刎首留城"的壮举，特把他所守的土地赐名忠州，民国时期改名为"忠县"。"孝义市""孝感市"分别是为了纪念"割肉奉母"的孝子郑兴以及"卖身葬父"的董永而改名，既是纪念，也是表彰，更是劝勉后人遵从儒道，多行善举。如武威市凉州区河东镇钦赐地村，就与皇帝表彰嘉奖有关。

以"仁义"命名的地点，常含教化之意。中华大地地域辽阔，边境地区常有少数民族滋扰或者当地土酋叛乱，除了采取军事打击外，中央朝廷也试图在该地区设县加强属地管理，并采取亲善政策来缓解矛盾与冲突，"仁怀""永善""安义"等地名的来源皆有一定的历史背景，表达着对地区安宁、人民平和善良、通达礼义的期许，比如武威市凉州区的怀安镇、康宁镇、和平镇。

三、沧桑变迁是地名的历史之意

汉字是表意的，所以汉字地名不只是一个空间范围的代号，更是一种历史的沉淀，折射历史、述说历史。

地名带着考古密码。中国的地名有着数千年的积淀，所以有的考古学家在进行田野调查的时候，会特别注意打听、研究当地的（古）地名，从中发掘有价值的历史信息，特别是带有"坟""陵""岗""都"这些字眼的地区，很可能有古代墓葬、建筑的遗址。比如夏朝的王城岗遗址的发现最初就来自于地名的暗号，河南登封市告成镇古称阳城，这恰好与传说中夏朝开创者大禹的都城名称相符，因而吸引了考古学者的探索。从古镇附近的王城岗一带发现了古城墙遗址和大量距今4000多年的文物，迈出了寻找夏朝的重要一步。武威市第十一中学的校园的南侧，至今仍然可以看到"张掖郡"的古城墙，为考古提供了实证资料。

1226年，成吉思汗亲率大军攻陷凉州等河西各州县，在次年7月消灭了西夏王国。凉州为元朝所有后，设西凉府，沿袭宋、夏旧制。元分封在凉州的只必帖木儿为永昌王，他见凉州城经过战争浩劫，残破不堪，便于至元九年（1272年）在城西北15公里处修筑新城，元世祖赐名"永昌府"（今凉州区永昌镇）。至元十五年（1278年）"以永昌王宫殿所在，立永昌路，降西凉府为州隶焉"（《元史·地理志》）。永昌路领西凉州（县级政权）、庄浪县（今永登县）。这时，永昌府成为凉州地区的政治中心，凉州区永昌镇故得名。

地名带着故乡味道。在历史上数次大规模迁移中，人们除了带走自己的家眷、金银细软，也常常会把故乡的名字一并带走。台湾的许多地名，直观地记录了福建移民对家乡的留恋，台南市安平县来源于晋江市安平镇；台中县大甲镇铜安里，来源于泉州府同安区；彰化县安溪里，来源于泉州安溪等。有些痕迹可能没有直观地印刻在名字上，却在命名习惯上有所体现，比如重庆的"里"多为湖广填四川的时候的湖北移民命名，上海的"宅""巷"代表北方移民，而"弄""库""里"代表南方移民。例如，在武威市凉州区永昌镇就有一个村子叫张义村，而这些村民的先辈大多数是从凉州区内的张义镇搬迁过来的。

第三节　武威地名的文化特征

一、武威城市地名文化特征

武威，古称凉州，是中国历史文化名城、中国优秀旅游城市，中国旅游标志——"铜奔马"的出土地。历史文化底蕴深厚，资源丰富，曾经是河西地区政治、军事中心，中西文化交流的大舞台、民族融合的大熔炉。元封五年（前106年），汉置十三州刺史部，武威郡属凉州刺史部。三国时，武威郡属魏国，文帝曹丕复置凉州，州治姑臧。武威在金戈铁马、波澜壮阔的如歌岁月中，走过汉唐盛世、五凉岁月，曾经是西夏辅郡、大元故路、明清富邑，城内一些著名的地名，无不闪耀着悠久历史的光芒。如鸠摩罗什寺，因纪念鸠摩罗什而得名；雷台，因明代建筑雷台观而得名；文庙，因明代扩建文庙儒学院而得名等等。

武威城内保留了诸多古街旧巷、古老建筑和古院旧宅等历史建筑遗迹，这是武威人民堆砌在黄土大地上的博大智慧，在武威建城史上具有不可估量的价值。清代的凉州城形成了"一水绕城，方城形制；三经三纬，街规巷整；左文右武，东楼西塔；古居集聚，人文荟萃"的布局，坊间说有"四大街八小巷三十六个蹑蹑巷"。据实共有街巷七十二条，具体是崇文街、龙门街、杨府街、王府街、钟楼街、马神庙街、草场街等；书院巷、百家巷、海子巷、大云巷、学巷、署东巷、县府巷、贡元巷、窟窿巷、佘家巷、箩箩匠巷、老君庙巷、北道巷、文家巷、罗家巷、海潮寺巷、古城巷、北道巷、文家巷、城墙巷、流水巷等小巷子。

这些古街旧巷的名称，传承着历史文脉，也从一个侧面见证了武威这座历史文化名城的发展和变迁。如学巷、书院巷地名，与武威文庙儒学院、书院有关。明清时期，由于国家统一，社会安定，武威儒学进入鼎盛时期。明代，武威建有凉州卫儒学，明嘉靖二十七年（1548 年），在凉州卫设立的凉州书院。清雍正二年（1724 年），凉州卫儒学改为凉州府儒学，雍正四年（1726 年），创设武威县儒学，并设立武威考院。如达府街，曾是明代将军达云府邸所在地，故名；马神庙街，因旧时街内有马神庙而得名；李府后街，位于清代两广总督李栖凤宅院之后，故名；龙门街，位于文庙东部，巷子北口有一座龙王庙和一座龙门牌坊，古代以鲤鱼跃龙门喻进士及第，故名；大井巷，因巷内原有著名大水井而得名；箩箩匠巷，此巷自清末时为竹篾编织工匠聚居之所，故名；杨府巷，巷内有明代甘肃镇总兵官杨嘉谟将军府府邸而得名。再如靶场，凉州城靶场社区位置，就是当年考核武秀才的箭靶场。《五凉全志》记载，清乾隆四年（1739 年）修建考院，位于凉州城西南隅。有大门三楹，鼓吹楼各一，二门一，东西角门一，大堂五楹，东西厢房各三。仪门一，二堂五楹，西箭厅三楹，东箭厅三楹。乾隆十年（1745 年），增修东西号房各六。可见，考院里面的东箭厅、西箭厅就是考核武秀才的场所，主要考核骑马射箭、步行射箭、拉硬功、舞大刀、举石蹲子等内容，是清代考核武秀才的箭靶场所在地，等等。

二、武威乡村地名文化特征

（一）农耕文化特征

早在西汉初年，随着河西四郡的设立，中原农耕文化开始进入凉州，并与当地游牧文化融合。汉武帝时期，农业成为河西的主要产业。五凉、盛唐时期，统治者十分重视农业发展。明代为维护统治而实行移民屯田的战略。明清时期，河西地区的农业生产水平得到进一步发展，农作物品种更加丰富。所有这些，为武威地名文化奠定了农耕文化的底色。如民勤县，其地名取"俗朴风醇，人民勤劳"之意，凸显农耕文化特征。梁新民在《民勤绿洲历史上农业的三次开发》一文中指出，民勤绿洲在农业上曾有过三次大开发：民勤归汉，迎来了历史上第一次农业大开发；明初，由于战争频仍，明统治者开始实行移民实边政策。除了驻守民勤的官兵耕作,山西、河南等地约 2000 人口迁于民勤;乾隆四年(1739 年),官方实行招民屯垦或兵丁子弟承种,至乾隆二十七年(1762 年),青土湖屯民达 2498 户,至道光年间,人口已经增加到 18 万。历代的农业开发,必然在乡村地名文化中有所体现。民勤县青土湖,古称潴野泽,西汉初水域面积达 4000 平方公里,是水域面积仅次于青海湖的淡水湖泊,水草丰美,风景旖旎。后来潴野泽分为西海与东海,西海也叫休屠泽,当时为匈奴属地;隋唐时期,休屠泽改名为白亭海,因为气候条件的变化和上中游用水加剧,水面收缩到 1300 平方公里;明清时改称柳林湖,水域面积为 400 平方公里;民国时改名为青土湖。青土湖的储水量是民勤农业开发的缩影。早在 4000 年前,天祝就出现了农耕文化,集中在金强河两岸川区。汉代推行"徙民实边"政策,大量移民屯田。明清时期,当地招户垦种,农业生产广泛开展。

武威磨咀子汉墓出土文物铭旌有"西乡""北乡""东乡""渠门里""阍导里""利居里""西夜里"等文字,显示当时的武威市已按照中原农耕文化的"乡""里"的规制进行命名,现在汉代其他地名早已消失,但"西乡""北乡""东乡"之名还在民间沿用。民勤县的东坝镇、西渠镇、大坝镇、收成镇等地名,都是农耕、屯田文化的地名遗存。

明初,移民来到凉州,设置有管理机关,负责发放、安置移民。武威市凉州区现存的"发放""安置"这些地名,实际就是当时移民屯田管理机关所在地。移民垦种土地称之为"民屯"或"军屯",所居之地便有叫"屯庄"的,如凉州区发放镇的屯庄,韩佐镇的屯地庄、田家屯沟、马家屯庄,凉州区谢河镇的茹家屯庄等。明代在凉州兴修水利,出现了一些以农田灌溉水系命名的地名,如黄羊渠、杂木渠、大七渠、金塔渠、怀安渠等,每渠分为十坝,形成了完备的渠、坝、沟、畦系统。随之武威市就出现了头坝、二坝、高坝、中坝、四坝,上沟、东沟、西沟、三沟、四沟,阳畦、二畦庄、头畦、六畦等依水利系统建设的地名。又如民勤县东坝镇有拐湾社区、六坝村、西沟村,民勤县收城镇有流裕村、永丰村、泗湖村等,古浪县泗水镇有下四坝村、上四坝村、三坝村等，这些地名都有农耕文化的影子。武威乡村地名中展示的这些反映农耕文化的历史或场面，仅仅读其地名，就能感受到农耕的文化气息。

（二）游牧文化特征

武威市在祁连山冰川融水滋养下，形成了许多水草丰茂的天然牧场，自古以来畜牧业极为发达，在汉代就有"凉州之畜为天下饶"的民谚流传。五凉时期，随着草原民族不断移驻河西，开辟出新的牧场，形成了大规模的畜牧业生产格局。唐代中期，吐蕃、回鹘、党项、蒙古等游牧民族先后占据凉州，进一步促进了畜牧业的发展。畜牧业的发展，丰富了河西经济区内人们的生产生活，凉州地名中游牧文化痕迹大量存在，游牧文化的影子映射在地名上。民勤县沙井文化遗址发现的农耕用具很少，石刀、石斧却占有很大比例。此外，遗址中还出土了大量的动物骨骼、皮革制品等。专家推测，当时民勤县拥有辽阔的水泽和大片的草地，吸引了一支游牧民族在这片土地上放牧、捕鱼，从而留下了大量的生活印记。还有如苏武山、苏武镇、羊路等地名，尽管历史上"苏武牧羊"有争议，但不可否认其地名存在的游牧文化特征。天祝县以华锐藏族为代表的古代游牧民族，在长期逐水草而居的游牧生活中，创造了个性鲜明的游牧文化。华锐、祁连、旦马、松山、抓喜秀龙等地名既有高山草原的特征，又有游牧文化特色。

历史上占据武威的乌孙、匈奴、羌族、鲜卑族，生活在谷水（今石羊河）流域，是影响较大、地域最广、持续时间最长的几个民族。因此武威市留下了大量与这几个民族有关的地名。西汉时期，河西走廊一带生活着乌孙、月氏等游牧民族，乌孙人最早在此修筑了聚居地——赤乌镇。《元和郡县图志》："赤水军，在凉州城内，本赤乌镇，有赤青泉，名焉。"可见直至唐代这个地名还在被借用。后来匈奴击败月氏，驱赶了乌孙、月氏部落，占领了整个河西。匈奴人将赤乌镇重新进行了扩建整修，称为盖臧城，汉人依其发音讹称为姑臧。据考证，"姑臧"二字来源于武威姑臧山，而姑臧山是西戎、月氏和匈奴部落的生活和游牧场所，其名来自匈奴语，匈奴语已无可考。《晋书·张轨传》引王隐《晋书》说："凉州有龙形，故曰卧龙城，南北七里，东西三里，本匈奴所筑也。"

东汉时期，武威长期由羌族占据，因此武威也留下了大量羌语地名。如金羊镇、羊下坝镇、武威城东的黑羌塘（今大河驿西盛家庄），城北的羌同（今永昌镇）、红羌（今洪祥乡）等。还有长城镇的羊桥子湾、羊圈壕。

历史上鲜卑族在武威的活动，也可以从至今流传的地名得到证实。如土弥干川，在武威城西50里，即今凉州区西营一带。《五凉全志·武威县志》记载："土弥干川，县西南五十里。"《太平寰宇记》记载："土弥干川，鲜卑语称为土弥干，言此川土肥美。"又如凉州区永丰镇有朵浪村，旧名朵浪坪，也与鲜卑族有关。西营河流经此地名为朵澜水，朵澜一名，来自鲜卑部落"多兰部帅"。所以上述地方就是因为魏晋南北朝时期鲜卑族在此驻牧而得名。

（三）军事文化特征

武威地名中具有军事文化特征的地名，主要集中在明代。明初，朱元璋派大将军冯胜西征，占领凉州之后设立凉州卫，配置军力5600人。明朝十分重视对作为西北边镇重要城市的武威地区的经略，从地区军事行政建制、修筑长城、养殖军马等方面有效地对武威地区进行管理，巩固了国防，安定了边境，武威的战略地位与作用也从中凸显。

为了牢固掌握武威这一军事要地，明代除了在武威修筑长城、修建城池之外，还根据军事斗争和屯田需要，发动民工修筑堡寨，设立保甲制度，联防自卫。堡、寨、塔、墩、营之名至今犹存，以堡、寨命名的村庄遍布武威全境，如凉州区黄羊镇的七里堡、李家寨、满家寨子、大墩、土塔墩；凉州区高坝镇的杨房堡、高家寨子、张家寨子、查家寨子；凉州区清源镇的曾家堡、蔡家寨、刘广寨、唐家营、东营；凉州区谢河镇的李府寨、武家寨、张家大墩、何家墩台庄；凉州区河东镇的河东堡、乐安堡、达家寨、汪家寨、六坝墩、下腰墩；凉州区金河镇的王景寨、李家寨、范家寨、西寨、王家墩；凉州区韩佐镇的韩佐寨、金家寨、田家四个墩、严家墩；凉州区长城镇的高沟堡、马家寨、十二墩、李家大壕、五墩、接腰墩、苏家台子、前营、上营、二营;凉州区四坝镇的三岔堡、马家墩、薛家寨;凉州区丰乐镇的丰乐堡、怀西堡、昌隆堡、翟家墩、魏家新墩、杨家寨子;凉州区永昌镇的永昌堡、和寨、前寨、后寨、梧桐寨子、光头寨子;凉州区大柳镇的大柳树堡、王城堡、蔺家寨子;凉州区松树镇的中堡、中截堡、花寨子、冯良寨;凉州区下双镇的下双寨、魏佐寨、七墩、宁家墩等。

古浪县古浪峡,俗有"金关银锁"之称,地势险要,自古就以"驿路通三辅,峡门控五凉"的重要地理位置而闻名遐迩。古浪县还有大量与军旅相关的地名。如土门地名,元朝时期,此地设立"哨马营",用以骑兵前哨警戒基地。洪武五年(1372年),朱元璋派大将军冯胜西征,仿照汉代名将赵充国当年的计策,在哨马营等地,驻军移民屯田。明正统三年(1438年),大明王朝在古浪设守御千户所,哨马营被易名为土门,隶古浪守御千户所。又如大靖地名,明万历二十六年(1598年),兵部尚书兼三边总督李汶与甘肃巡抚田乐、甘肃镇总兵达云、甘肃镇副总兵马应龙等分道进军,击败蒙古残余势力,占领了松山地区。战役结束后的第二年,李汶亲自踏勘边防地形,提出了新的防务计划。之后,明军筑大靖、镇虏、红水、松山等城堡。

天祝县乌鞘岭,是古丝绸之路上河西走廊通往长安的重要关隘,魏晋十六国时期称为"洪池岭",汉、明长城在乌鞘岭相会,军事战略位置十分重要,为姑臧城(武威城)的防卫门户。

(四)交通文化特征

武威许多古地名与交通驿站有关,这是因为古代武威处于丝绸之路要道,是中原和西域来往商旅的必经之地。古代驿站主要分布在绿洲地带的交通要道之处,平坦广阔的地域设置驿站不但有助于驿站的管理和运行,而且能够更加有效地控制整个区域通行关键地点。

清代,武威地区的陆路交通主要是依靠驿道实现的。陕甘新大驿道在近代成为清政府统治西北地区的重要的交通线,也成为维护国家统一的重要通道,甚至关系到西北战事的成败。这条路线对陕、甘、新交通和经济的繁荣发展起到了重要的推动作用。武威地区的驿站是陕、甘、新大驿道不可或缺的重要组成部分。《钦定大清会典则例》称："四十里凉州大河驿，三十里武威县武威驿，五十里武威县怀安驿。又西四十里有柔远堡，有柔远驿。"可见，武威古代著名驿站有今凉州区武南镇大河村附近的大河驿、武威城东门附近的武威驿，今凉州区怀安镇的怀安驿，今凉州区丰乐镇附近的柔远驿，今天祝县安远镇安远驿等。

与驿站相辅相成的是，乡村出现了大量反映与城市距离远近的地名，如东路十三里铺、七里铺、二十里铺、三十里铺、四十里铺等。这些铺舍，是驿站沿途有益的补充。

明清时期，由于武威水系河道密集，遍布乡村的桥梁较多，编撰于乾隆十四年（1749年）的《五凉全志·武威县志》就记载了乡村的许多桥梁名称。例如城东有安澜桥、迎恩桥；城南有济坎桥、卧波桥、联济桥、夹山桥、庄严桥；城西有永安桥、小溪桥、怀安桥、利涉桥；城北有润济桥、小石桥、济舆桥、官桥、北济桥、石羊桥、大石桥；城东北有利川桥、双桥；城西北有海藏大桥、普渡桥；城东南有靖边桥等。

又如天祝县黑松驿镇地名，《甘肃通志》记载："三十里至凉州府属安远所……三十里至黑松驿并黑松所……三十里至古浪县并古浪所。"根据以上文献资料可知，黑松驿应在今古浪县南之黑松驿镇黑松驿村，现在继续沿用。岔口驿也是古代交通驿站，在甘肃天祝华藏寺镇岔口驿村。到清光绪九年（1883年）时，岔口驿还留有驿马三十五匹、马夫十七名。还有如古浪县十八里堡等地名，都是重要的交通要道。

（五）历史文化特征

武威许多地名与历史事件、历史古迹有关。这是因为古代武威曾经是著名的"丝绸之路"要冲，是中原与西域的交通咽喉，因其得天独厚的地理位置，成为历代中原王朝志在必得的战略要地。这里曾经发生过许多重大历史事件，好多地名就与历史事件、历史遗迹有关。

凉州区发放镇是因为境内有古代的发放亭而得名，而发放亭则来源于明代移民实边。1368年，朱元璋建立明朝后，即派大将冯胜挥师西征，先后平定河西诸路，设立凉州卫。明王朝为维护统治，决定实行移民屯田的战略。移民来到凉州，设置有管理机关，负责发放、安置移民。"发放""安置"，这些地名实际就是当时移民管理机关所在地。

天祝县很多地名历史悠久。如安远、安门，位于天祝县乌鞘岭东西两边山脚下，安门古城依岭边地形而建，建于汉代。安远古城在乌鞘岭北安远镇，宋代称为安远砦，明为安远驿，清为堡，有驻军。安门、安远古城，在历史上的重要性不言而喻。再如民勤县城西南约60公里处的蔡旗堡，始建于明嘉靖二十四年（1545年），处于凉州和镇番之间的咽喉地带，战略位置重要，是当时镇番城的西南门户。上述地名占据重要地理位置，在史籍中多有记载，具有鲜明的历史文化特征。

（六）姓氏文化特征

武威各个乡村，以同姓宗亲聚居为主的村落名称较多。一方面固然是深受中国家族文化、宗族观念的长期影响，但从另一方面也反映出凉州源远流长的姓氏文化。武威姓氏文化得天独厚，如《敦煌遗书·凉州六姓》中的索、石、贾、安、廖、阴，及康、安、曹、石、米、何、史、穆、毕等"昭武九姓"，以及段、张、金、达等世家大族，其郡望堂号（祖庭）均在凉州。明代大移民又为姓氏文化增添了许多内容，所有这些为武威乡村地名文化异彩纷呈增加了许多内涵。

基于此，武威乡村地名中有很多直接以姓氏命名的村庄，如凉州区张义镇的申家庄、史家庄、孙家庄、窦家磨、张庄、王庄、康庄；凉州区和平镇的祁家庄、罗家大庄、秦家庄、胡家庄、吴家庄、达家庄、查家庄、龚家下庄、管家庄、臧家庄、腾家乱庄、石家庄；凉州区金塔镇的宋家庄、吉家庄、文家庄、孔家庄、尹家庄、凌家庄、蔡家庄、葛家庄；凉州区松树镇的任家大庄子、唐家庄、杜家庄、俞家庄、曹家寨子、花寨子；凉州区发放镇的贾家墩、蒲家庄、祁家老庄、梁家台子、白家沙滩、张府、黄家庄、潘家庄；凉州区清源镇的侯家庄、盛家庄、曾家堡、宣家庄、汤家庄、甘家庄；凉州区金羊镇的安家庄、郝家庄、于家槽子、邵家庄等等。又如民勤县大坝镇的张茂村、张五村曹城村、田斌村、孙指挥村等，古浪县泗水镇的周庄村，裴家营镇的王家庄村、孟家庄村等，天祝县华藏寺镇栗家庄村、周家窑村等，虽然上述村庄反映的只是武威市县区部分乡村以姓氏形成的村庄聚落，但背后映射的其实是姓氏文化。

（七）其他命名特征

还有一些乡镇及村庄命名，直接以水源、地势、文化遗址或者田地树木、农村作坊命名。

武威境内河流广布，石羊河就流经凉州区、民勤县、古浪县、天祝县，南部是终年积雪的祁连山冰川，是天然的水库。因此一方面需要堤坝来防洪，另一方面武威市农业相当发达，大坝的修建有利于农业生产。武威市境内多坝，区内各类中小型水库和塘坝总库容2.35亿立方米。这样的自然地理特点充分体现在了武威地名中。这些带有"坝"字的地名多沿用一些河道堤坝的名称，如东坝镇、高坝村、小七坝村、六坝村、上坝村、中坝村、三坝村、头坝村、四坝村、五坝村、高坝村、羊下坝村、四坝桥村、石头坝村、六坝村、张坝村、大坝乡、下四坝村。石羊河流经武威市，河流冲刷就形成了多种多样的天然河沟。也有许多地方是地貌多沟坎，所以也用"沟"来命名地名。例如横沟村、唐沟村、峡沟村、平沟村、头沟村、西沟村、东沟村、沙子沟村、下沙子沟村、樱桃沟村、中沟村、鲁子沟村、南沟村、泉沟村、窑沟村、下二沟村、三沟村。石羊河中的泥沙淤积成了很多平地，如河滩、沙滩，所以带有"滩"字的地名在武威市地名中广泛存在。例如，大滩镇、永丰滩镇、黄花滩镇、直滩镇、东大滩镇、西大滩镇、沙滩村、西滩村、樊家滩村、岳家滩村。

还有，如凉州区清源镇的清源、蔡家磨庄、柏树庄、沟口子、宿家崖子、许家车院、下台子、上台子、边槽、东槽等；凉州区谢河镇的沿田地、樱桃沟、茹家屯庄、赵家旱庄、水磨庄、叶家磨、四坝河水、五坝河、六坝河、谢家河滩等；凉州区河东镇的河东、六坝墩、李家烧房、张家油坊、头坝村等；凉州区金河镇的东河、红寺儿、陈家牌楼、王家墩等；凉州区武南镇百塔、田家药铺、大河、杨家油坊庄、郝家磨窝子、油坊庄、郭家槽子等；凉州区韩佐镇李家园子、宏化、禅树庄、罗家河湾等；凉州区古城镇校尉村的叶家磨庄、榆树沟、汪家磨庄子、神树庄、河沿庄等；凉州区长城镇的长城、三官庙、苏家台子、前营庙台子、李家塌洼、沙坡子、白疙瘩、西湖等；凉州区清水镇的高家杞树庄、张家花庄、菖蒲沟、白马庙、张家牌楼庄、油坊庄、谢家咀子、杨家台子、刘家沿沟、杨家湾湾等。又如古浪县海子滩镇的李家窝铺、高家窝铺、谭家井等，民勤县蔡旗镇的高庙村、月牙村、麻家湾、野潴湾、小西沟村等，民勤县薛百镇的河东村、长城村等，不胜枚举。

第五章

武威地名的文化阐释

第一节　武威市地名类型分析

受历史、文化、方言和区位等因素的影响，武威市地名类型复杂多样。根据地名的"音""形""意""位""类"特征，武威市地名可以划分为自然景观类地名与人文景观类地名两大类。

一、武威市地名数量统计

在武威市所有乡村聚落地名中，自然景观类地名共出现 3955 次，占地名总数的 33.12%，其中水文类地名出现次数最多，共计 2208 次。[①] 含"沟""湾"字的地名占绝大比例，含"沟"字地名 889 处，含"湾"字地名 491 处，含"滩"字地名 242 处；地形类地名次之，共 1280 处，其中含"台""坡"字的地名出现次数最多，含"台"字地名 383 处，含"坡"字地名 101 处；动植物类地名共 467 处，动物类地名含"马"字的地名最为常见，有 49 处，植物类地名中含"树"字的地名最为常见，有 106 处。

人文景观类地名共出现 7988 次，占地名总数的 66.88%，其中姓氏类地名出现次数最多，共计 4130 次。[②] 包含有"陈""韩""李""马""赵""杨"等 159 种姓，含"王""张"字的地名出现次数最多，分别有 317 处和 287 处；方位类地名其次，共计 2297 次，含"上""下"字的地名出现次数最多；建筑工程类地名共 946 处，含"路""城""坝"字的地名出现次数最多，分别有 97

① 王雨菡、党国锋:《基于 GIS 的武威地区乡村聚落地名文化景观分析》,《贵州师范大学学报（自然科学版）》, 2020 年第 6 期, 第 57 页。

② 王雨菡、党国锋:《基于 GIS 的武威地区乡村聚落地名文化景观分析》,《贵州师范大学学报（自然科学版）》, 2020 年第 6 期, 第 60 页。

处、85 处和 80 处；军事防御类地名共 190 处，含"墩"字的地名出现次数最多，有 92 处；经济活动类地名共 201 处，含"圈"字的地名出现次数最多，有 40 处；美愿类地名共 177 处，多用"丰""和""光""宁"等字；少数民族语言类地名数量较少，仅 47 处，多以"尕""什""旦"字等命名。

二、武威市地名空间分布特征研究

武威市地名中自然景观类地名主要分布于西南部高海拔地区乌鞘岭北麓、祁连山脉毛毛山南麓和东北部腾格里沙漠，集中分布在古浪县黑松驿镇，天祝县松山镇和民勤县夹河镇等，其地貌区域分异明显。这是由于武威地势南高北低，南部山地丘陵和东北部荒漠区较中部平原区的自然地理特征复杂得多，所以其乡村聚落地名命名更倾向于以自然地理实体为依据。人文景观类地名主要分布于中部山前洪积—冲积平原，南部山地地区相对稀疏，例如凉州区内的武南镇、吴家井镇和古浪县内的土门镇等。这是由于平原地区地势平坦，适宜农耕，是人类经济活动的主要场所，其乡村聚落地名命名更倾向于以地域文化为依据。

（一）自然景观类聚落地名空间分布特征

1. 地形类

根据地形地貌特征，武威市海拔可分为 5 类，分别为 1500m 以下、1500—2000m、2000—2500m、2500—3000m 以及 3000m 以上，再将武威市 DEM（数字高程模型）数据与地形类地名进行叠加，得到地形类地名景观空间分布图。地形类地名在 1500—2000m 之间分布最多，占此类地名的 33.78%，主要分布在民勤县苏武镇、夹河镇、大滩镇，古浪县黄花滩镇，凉州区黄羊镇以及古浪县黑松驿镇和十八里堡镇交界处；其次是 2500—3000m 之间，占此类地名的 26.01%，主要分布在天祝县祁连镇、炭山岭镇，古浪县永丰滩镇、海子滩镇、古丰镇等；而 3000m 以上的山区是这类地名分布最少的地区，占地形类地名的 0.16%。研究表明，地形类地名主要分布在海拔较高的地区，与海拔高度有着密切的相关性，而海拔超过 3000m 的地区，环境恶劣，不适宜人类居住，其地名数量随之减少。由此可见，武威市地形类地名在一定程度上与高程有关。

2. 水文类

武威地区的河流属于内陆流域石羊河水系，主要支流有大靖河、古浪河、黄羊河、杂木河等，均源于南部祁连山区，水文类地名多集中在河流支流交汇处及河道两岸。据统计，武威市水文类地名多以"沟""湾""滩"等字样出现，这些字样共出现 1622 次，如凉州区西部的朱家下湾、古浪县西北部的白崖沟、民勤县东北部的小西滩等。一方面体现出武威乡村聚落选址不仅在地势平坦的地带，而且更靠近水源；另一方面则说明由于石羊河流经武威市，地形经河流冲刷形成了多种多样的天然河沟，也有许多地方多沟坎，而石羊河中的泥沙淤积成了许多平地，所以带有"沟""滩"字的地名也广泛存在。

3. 动植物类

据调查，武威地形复杂，地理环境多样，但气候干旱，植被稀少，加上人们长期捕猎，故野生动物种类少、数量少，主要有黄羊、野马、狐狸、藏原羚等，全市禽畜多以牛、马、驴、羊等为主，武威市动物类地名共计 147 个，多以"马""牛""羊"等字样命名，这与当地物种种类相吻合；植物类聚落地名共计 320 个，由于武威地形、气候、水文、土壤等条件的不同，植被类型南北差异很大。随着海拔高度的增加，降水逐渐增多，气温逐渐降低，植被由北部的荒漠草原逐渐变为南部的高山草甸，呈现明显垂直地带性规律。中部平原区和南部高海拔地区多以"松""柏""树""柳"等命名，例如古浪县西部的柏树乡和凉州区的黑松驿镇等；北部沙漠地区和草原地区多以"草""花""蒲""茇"等命名，例如古浪县北部的黄花滩乡和民勤县中部的蒲秧村等，这与沙漠地区植被稀疏，草原地区多为禾本科植物有关。

（二）人文景观类聚落地名空间分布特征

1. 姓氏类

姓氏是家族、血缘之间的重要枢纽，中国人重视血缘关系，也重视亲属家族间合力相助，共同使家族更加兴旺。因此，同一姓氏的人经常聚族而居。

在土地开垦之初，所具备的物质资料匮乏，需要以血缘为纽带、同宗同姓的居民合力开荒，久而久之就形成聚居区，且一家一户亦可成为一个村落，姓氏也就成为居民命名村落最大的依据。在武威市乡村聚落地名中，就有这样的体现，例如蔡家庄、王庄村、乔家寺村、周家庄等。其中位于中部平原地区姓氏类地名密度最高，其次是北部荒漠地区，南部高海拔地区相对稀疏，例如凉州区金羊镇蔡家庄和民勤县苏武镇等。据统计，凉州区人口最多，所以其空间分布特征与人口分布息息相关，主要集中在适宜农耕和居住的平缓地带。

2. 方位类

使用方位类进行地名命名源于方位具有明确的指向性，古代先民用方位来确定一个地方的地名是最直观便捷的，特别是在周边存有代表性建筑、地形、景点的情况下，运用方位进行地名命名，可以准确表达出一个地点的地理方位。在方位类地名中，主要用词有"上""中""下""前""后"，以"下"为例，"下"表示下方、下游的意思，例如凉州区下西沟和古浪县杨家下庄。方位类地名主要集中在中部平原区和北部荒漠区，大多是根据地区所在周边乡镇以及标志性地物命名的。

3. 建筑工程类

武威历史悠久，古城密布，远在四五千年的新时器时代就有人类居住生活，千百年来的文明发展造就了武威地区深邃的文化内涵，留下丰富的古建筑文化景观。武威古建筑以古城堡、古寺庙、古长城为主，武威城最早筑于汉代，汉武帝开辟河西四郡前，就有休屠和姑臧两座小城，均为匈奴所筑，古浪县有古长城，而工程建筑类地名多出现"城""路""府""庙""坝"等字样，体现了武威地区独特的建筑文化景观。另一方面，武威市境内河流广布，石羊河流经武威的凉州区、民勤县、古浪县和天祝藏族自治县，因此，需要修建大坝来防洪，而大坝的修建有利于农业的发展，这一特点也充分显现在建筑工程类地名中，如民勤县东坝镇、凉州区羊下坝镇等。

4. 军事防御类

武威地处河西走廊东端要冲，为中原与西域交通咽喉，战略地位十分重要，为兵家必争之地，自汉武帝取河西以来，历代都在武威新建或修补用于防务的军事设施。对武威的军事设施进行的大规模的新建和修补，一是增修长城，万历年间在汉长城的基础上增修了百余里的边墙；二是加固补修武威城，武威城经洪武、万历两朝加固修补，成为河西走廊的"金城汤池"；三是修筑堡寨，堡寨联成网络，遍及四乡，平时耕作，战时据守防卫。据统计，武威军事防御类地名以含"墩"和"营"字最多，营是军队驻扎的营地，烟墩是战争时的烽火台，如民勤县泉山镇西营村和古浪县泗水镇双塔村杨家墩等。古浪峡历来是兵家必争之地，《五凉全志》记载："此地足资弹压，诚万世不可废也。"昔人又称此峡为虎狼峡，诗云"驿路通三辅，峡门控五凉"，所指正是这里。从汉武帝派霍去病征匈奴到新中国成立前夕，这里发生过多次惨烈战争，许多古老的军营、城堡等军事设施化作地名，民勤修筑了大量营堡，作为和长城配套的防御设施。《镇番县志·兵防志》称："镇番为凉州门户，四通夷巢，无山险可恃。明时套夷不时窃犯，故设重兵弹压。而蔡旗、重兴、黑山、青松、红沙等堡，俱有防守官兵周围棋布。"反映了武威地区历史时期军事活动的分布。

5. 经济活动类

武威商业历史悠久，西汉张骞两次出使西域，沟通了内地与边境、中原与西域的经济文化交流，汉武帝在武威建郡设县，武威成为内地与西域各国商品交流的重要商埠之一。《后汉书·西域传》记载："驰命走驿，不绝于时月；商胡贩客，日款于塞下。"经济活动类地名分布整体上较为分散，数量上，中部平原地区占有显著优势，多出现"窑""圈""铺""场"等字样。窑指烧制砖瓦所用土窑，圈指养家畜的棚栏，铺指商店，场为牧场、林场，例如古浪县李家窑、民勤县杨家场等，这类地名也反映了当地经济发展状况和主要经济活动。

6. 美愿类

这类地名的产生源于人们对生活的美好期盼。一方面，武威自古为兵家必争之地，多有战事发生，百姓民不聊生，于是盼望安宁和平、昌盛兴旺的美好愿望就产生了，例如民勤县永宁村，取永远安宁之意，凉州区河东镇乐安村取和平安乐之意。部分美愿类地名与军事类地名的空间分布有着一致性，更加证明了战争对人们的摧残以及人们对和平生活的向往。另一方面，武威北部属于典型的沙漠气候，夏季炎热干燥，降雨量较少，干旱和风沙灾害频繁。据统计，武威北部地区美愿类地名多含有"雨""水"等词语，这类地名体现出缺水地区人们对水的渴望。如古浪县，虽然名字中带水，却极度缺水。

7. 少数民族语言类

这类地名主要集中在天祝藏族自治县。天祝是一个以藏族为主体的多民族聚居区，自古以来就是藏族先民的驻牧之地，经长期融合演变，形成华锐藏族。藏族占少数民族人口的97.14%，其地名分布与少数民族聚居地有着一致性。如天祝县抓喜秀龙镇，藏语意为吉祥富饶之沟；赛拉隆镇，藏语意为"冰雹沟"；赛什斯镇，为藏族部落名，这些地名均为少数民族语言类地名。

第二节　武威地名反映出的图腾崇拜

每个地方都有地名，但地名不是历来就有的，它是随着人类定居而产生的。在人类社会早期，人类靠采集、狩猎为生，人群四处游徙，居无定所，因而不需要地名。从游徙到定居，是人类社会的一大进步。人类定居之后，人们才会给自己或他群所居住的地方起名，于是便产生了地名。然而，最早的地名不是随意起的，也不是毫无意义的。它的产生主要根据在该地居住的氏族或部落的名称，以表示该地是属于某氏族或某部落的地方。

图腾产生之前，原始人群过着游徙生活，既没有群体名称，也没有地名。图腾产生之后，每一个群体都以某种动物或植物作为自己的图腾，并以它作为群体的名称。例如，以虎为图腾者，便叫虎群或虎氏族；以狮为图腾者，便称狮群或狮氏族。这种名称，我们称为图腾名称，它是最早的社会组织名称。

我国古代也不例外，许多氏族、部落都以图腾命名。直至近现代，仍有不少民族保留了图腾名称。

图腾表示的是氏族的标志和符号。我国各民族都存在图腾崇拜的现象，这些图腾崇拜也广泛表现在地名上。彝族曾以虎为图腾，有村名叫"罗摩"（母虎），即母虎族居住的地方；云南有"鹤拓"这样的地名，这和当地人崇拜鹤有关。

中国的龙，具有图腾的基本特征，它是华夏崇奉的图腾神。在《说文解字》中解："龙，鳞虫之长，能幽能明，能细能巨，能短能长；春分而登天，秋分而潜渊。"传说炎帝、黄帝、尧、舜和汉高祖刘邦的诞生及其形貌，都与龙有关。

远古时期，中华大地上到处都是沼泽。人们生产力和武器都十分落后，人经常遭受到猛兽的攻击，所以就用猛兽来做自己的图腾以求神灵的保佑。那时候有用狼、熊、鳄鱼，其中因为沼泽多，鳄鱼经常伤害人，所以用鳄鱼作为图腾的部落较多。当时最多的就是扬子鳄，也就是龙最早的原形，仔细观察它的牙齿、眼睛和身上的样子，和现在的龙形貌相似。以前龙的身子本来很短，但从汉朝开始变长了。

在中华大地上，"龙"从远古时代开始便一直是备受尊崇的神物。在古人的心目中，"龙"是能呼风唤雨、腾云驾雾的神，是民族的祖先。因此，中华民族称自己为"龙的传人"。

如果把龙看作一个动物图腾，那么它与其他的动物图腾有着质的不同。绝大部分动物图腾都是现实里的某种动物，而龙的图腾则蕴含着一种理想化的精神追求：人可以善于学习，吸取各种长处和优势，集多种优秀品质于一身，善于灵活变化，不固执，不走极端，行于中正，方可顺应天道，随机而动。

在中国文化中，龙寓意着正义、力量、勇气、奋进和吉祥，是中华民族的精神象征。"龙"是中华民族的图腾和独特精神标识，是中华文明和中华民族多元一体的象征，也是维系全世界华人的精神纽带。"龙"字寓意刚健、强大、威武、文明，构成了龙马精神、龙凤呈祥、望子成龙等诸多美好词汇。直至今日，我们常说"龙的传人"或"龙的子孙"，这些都是图腾祖先观念的传承。这种对龙图腾的热爱自然也反映在了地名中。武威市地名中有很多与龙有关，例如龙泉村、龙口村、雪龙村、龙沟村、龙岗村、双龙村等。

第三节 武威地名寄托人们追求幸福安宁生活的理想

地名是一种特殊的文化符号，它饱含了当地人民对家乡的浓烈情感。在武威各具特色的地名里，蕴藏着人们对美好生活的向往和用双手创造幸福生活的愿望。

"趋吉避凶"这样的观念一直广泛存在于人们的心中，人们渴望和平、安宁、富强、健康，厌恶战争、伤病等一切灾难，这在地名的命名上也有很明显的体现。武威地名同样体现出这一渴求幸福安宁生活的愿望和理想，和、平、安、宁、吉、昌、兴、丰、福等字常出现在武威地名当中。如永昌镇、和平镇、永丰镇、长丰村、幸福村、同心村、光明村、平乐村、康宁村、丰乐村、胜利村、连丰村、团结村、永宁村、和平村、福元村、丰政村、爱恒村、富裕村、雨顺村、昌盛村、永安村、安宁村、昌宁村、兴安村、永丰村、兴圣村、中兴村、极乐村。这些地名表现出人们对美好生活的期盼。

"幸福"是中国人自古以来的理想追求，表现出人们对美好生活的向往。有人说幸福就是一餐一食的无忧，有人说幸福就是人与人之间的和睦，有人说幸福就是有房有车……在评价标准上，不同的人有不同的理解，不同的人有不同的标准。即便同一个人，站在不同的立场、处在不同的阶段也会有不同的诠释，武威地名中蕴含祈求生活幸福、家人平安的名称，很好地诠释了人们对美好生活的向往和追求。

第四节 武威地名反映人们重宗族血缘的传统文化心理

古代封建社会时期，天子是社会的最高统治者，是天下的主人。而社会最基层的组织是以家庭为单位的，宗族主要是以家庭方式体现的。经济上一直是以家庭为单位的小农经济，具有很强的封闭性，在土地开垦之初，所具备的物质资料也很匮乏，需要以血缘为纽带、同宗同姓的居民合力开荒，久而久之就形成聚居区，且一家一户亦可成为一个村落，姓氏也就成为居民命名村落最大的依据，因而形成了遍布全国的姓氏地名。一般来说，越大的地方存在姓氏地名的概率越小，越小的地方存在姓氏地名的概率越大。

在省市级行政区划里，以姓氏为地名的很少，而在小的村庄、街道却大量存在着姓氏地名。在武威地名中也有这样的体现，如李宽村、唐沟村、严庄村、杨房村、杨家洼村、宋府村、张林村、王庄村、曾家堡村、刘广村、周府庄村、蔡赛村、白洪村、张英村、刘沛村、张兴村、张义村、徐信村、乔家寺村、严家村、蔡家村等。

姓氏是标识家族来源和血缘关系的文字符号，起源于上古，不仅是中国传统宗族观念的外在表征，深深植根于社会伦常秩序，更是记录了华夏民族繁衍生息与形成发展的历史脉络。

同一个祖先繁衍的后代称为宗族。姓氏最早起源于部落的名称或部落首领的名字，它的作用主要是辨别部落中不同氏族的后代，便于不同氏族之间的通婚。因此姓氏的产生，标志着从群婚制到以血缘关系的婚姻制的转变，是人类文明进步的一个重要里程碑。姓产生后，世代相传，一般不会更改，比较稳定，而氏则随着封邑、官职的改变而改变，因此会有一个人的后代有几个氏或父子两代不同氏。姓氏与人名一起构成了一个人的姓名。

"姓者，统其祖考之所自出；氏者，别其子孙之所自分。"自古以来，华夏子孙以姓氏为家族延续的标志。姓是一种族号，氏是姓的分支。秦汉以来，姓氏合为一体。

儒家文化中的宗族观念更是深深影响着人们的生活，反映在地名上即地名中的姓氏文化。姓氏文化的发展对生活环境的安稳具有很高的要求，只有在一个安稳的生活环境下才会发展出庞大的同姓宗族，如果长期处于颠沛流离的生活环境下，连家族的延续都会成为问题。

姓氏文化对乡村的命名影响比较大。村庄刚开始时只是很少人的聚落，称呼随意性比较强，后来叫的人多了，叫的遍数多了，就形成地名。以凉州区谢河镇为例，谢河镇现在共有 12 个行政村，其中以姓氏命名的就有李府寨、武家寨、付相庄、叶家村等 4 个行政村。通过这种现象可知，虽然历史上的天灾人祸将宗族分割得支离破碎，但宗族观念从未淡化，即使举族迁移，仍会在迁移至新地点后用家族姓氏为居住地命名。这就形成了这个地区的姓氏文化分布。

凉州区康宁镇有个龙泉村，此村周边南北有两处山坡，南面叫南山坡，北面叫北山坡。其北山坡，又名"躲难坪"，也叫"陈家山坡"。现龙泉村有 1000 多人，无一外姓，全部姓陈，外籍尚有 1100 多人，且都为其始祖陈校后裔。

该村所处位置为什么叫躲难坪？躲的是什么"难"呢？

相传，元末农民起义领袖陈友谅于 1363 年鄱阳湖大战中败于朱元璋，在鄱阳湖被流矢击中身亡。

此役朱元璋胜利，陈友谅失败。为了消除后患，朱元璋遂下令诛杀陈姓人氏。故自明洪武至嘉靖 150 多年间，天下凡陈姓人或改名换姓，或背井离乡，无不为躲其官府追杀。

凉州区康宁镇龙泉村北山坡《陈氏合族宗谱》记载：原陈氏始祖陈旺之六世孙陈校，"自大明隆庆年间由南京应天府铁牛巷迁入凉州府距城西北之清水河，后转徙于怀西乡镇西堡之躲难坪遂家焉"。由此可见，陈校当年亦是因避难才千里迢迢跑到这山里来的。而且今康宁镇龙泉村北山坡，又名躲难坪，亦是由陈校当年所起的地名。

清道光十六年（1836年），凉州秀才、布衣诗人陈炳奎得知此事，有感而发，写诗叹道："躲难谁居此，高坪一望秋。有山皆北向，无水不东流。日色凝冰冷，风声响树稠。登临闲眺远，残雪满荒丘。"

从以上的事例中可以看到，宗族观念、姓氏文化等因素最显著的体现便是村落的命名，从村落的命名中，我们可以深刻体会到对其地方文化的影响。

为了增强各个村落的独特性，同时也为了避免重复，用姓氏为地理位置命名并不只是简简单单将姓氏加在村名之前，而是有着多种命名方式。

家族认同感自古便是中国人文化价值观念里的重要一环，在许多古诗词中都有体现。地名不但是故乡的名称，更是游子们思念家乡的寄托。强烈的家乡情结有利于地区的稳定发展，对维持地区团结具有重要意义。

家族认同感是一个家族凝聚力形成的重要来源，一个家庭乃至一个家族之所以保持完整，靠的便是家族凝聚力。这种家族认同感有利于家族的不断繁荣发展，有利于发挥宗族的集体力量。地名潜移默化地影响着人们的归属感，凝聚人们的家族认同感。

虽然在以姓氏文化为主的命名活动中引入了许多辅助词，但地名重复的现象依然存在。同时也因为近代以前区域命名活动的不互通性，导致了村落名称重复现象严重，这种现象对当今社会的管理工作是十分不利的。随着近代社会交通及通信技术的发展，村名重复极容易在区域管理时混淆。以姓氏命名的便捷性使得许多地方在重新登记地名时舍弃了古地名。为避免增加管理机构的工作量，也为防止地名文化的流失，村落的重新命名成为需要解决的问题。

第五节　武威地名承载着历史记忆

地名是历史的传承，讲好地名故事，为的是留住城市和乡村的记忆。武威拥有悠久深厚的历史，辖区内更是存有许多镌刻着时代印记的遗址。最著名的墓志碑刻当属"亦都护高昌王世勋碑"（简称"高昌王碑"）和"西宁王忻都公神道碑"（简称"西宁王碑"）。

据有关史料记载，永昌府故城南北约二里许，东西一里半，城周七里；坐北向南，开南门一座，城南门额上方镶嵌着砖雕"大元故路"四个大字，笔迹苍劲有力，出自名家手笔。城内元代遗存有正钦宫，东为碉楼墩，西为皇姑墩，北为月墩，南有府城隍庙等建筑。

凉州区永昌镇因元朝在西凉府城（今凉州城）北15公里建设新城永昌府（永昌路驻地）而得名。大元敕赐西宁王碑，属省级重点保护文物，现存于原地碑亭内，保存完好。高昌王和西宁王墓位于凉州区永昌镇石碑沟村。

1973年和1984年，武威文物普查队经过前后两次调查，在永昌府故城遗址所在地永昌镇居民住宅区发现了一段几米长的城墙。城墙残高5米，厚4米。地面已无封土，均为家族墓，且有立碑，分别为"亦都护高昌王世勋碑"（简称"高昌王碑"）和"西宁王忻都公神道碑"（简称"西宁王碑"）。

在永昌府城中，最豪华的府邸当属西凉王（永昌王、荆王）府。在永昌府城垣内外周围，还有几座规模较大且富丽堂皇的王府和贵族府邸，如高昌王府、西宁王府、凉国公府、汪国公府、元初四杰之一的赤老温后代子孙府邸和地方最高长官公署永昌路达鲁花赤府等。

高昌王府中还有凉州历史上著名的花园——葡萄园、镇国寺等。达鲁花赤是官职名称，掌握地方行政和军事实权，是地方各级的最高长官，一般由蒙古人担任。

1368 年元朝灭亡后，凉州的政治中心又回到了凉州老城，当时称为"凉州卫"，清朝称为"凉州府"。

一、高昌王碑

高昌王碑，现仅存残碑首及碑身中段。碑身残高 1.82 米，宽 1.73 米，厚 0.47 米；碑正面为汉文，36 行，行残存 41 字；背面为回鹘文。武威人贾坛、唐发科于 1934 年移到县民众教育馆（即今武威文庙）保存。碑首刻蟠螭，残高 1.3 米，宽 1.8 米，厚 0.52 米，于 1964 年从永昌镇石碑村发掘出土，后移至武威文庙。

碑文由元代著名学者虞集撰文，元代大书法家、礼部尚书巎巎奉敕书，翰林学士承旨、奎章阁大学士赵世延篆额。碑文内容是研究回鹘史的第一手资料，历来为史学家所珍视援引。

此碑文详细记载了火州（新疆吐鲁番）畏吾儿王室入属元朝后，因海都、都哇东侵逐次移居永昌，与元皇室世为联姻之事。碑文对研究元史，元朝时期畏吾儿王室与元皇室的联姻关系以及阔端一系镇抚河西、维系西部与西南诸族安宁边境等方面都具有重要的历史价值。同时该碑汉文字体端厚雄浑，回鹘文字体流畅自如，是研究元代文学、语言文字、书法等方面的珍贵实物资料。

二、西宁王碑

西宁王碑，通高 5.8 米，高 1.6 米，厚 0.45 米。碑正面为汉文，背面为回鹘文（蒙文），全文共 32 行，每行 63 字。该碑座为龟趺，碑首刻蟠螭，上刻书"大元敕赐西宁王碑"八字，碑正面为汉文，背面为回鹘文（蒙文），全文共 32 行，每行 63 字，碑文为元惠宗时参知政事危素撰写，由于忻都及其先祖对元室建立过卓著功勋，加之忻都之子翰栾之父忻都为西宁王，特立此碑作为纪念，这是甘肃省保存最大的汉、蒙文字碑刻，已有 600 多年的历史。西宁王碑主要记叙元朝回鹘族忻都公家族在河西居住和发展的历史，忻都公为西域回鹘阿台不花之子，阿台不花曾跟忽必烈的大臣火赤哈儿的斤都护保卫火州（故址在今新疆吐鲁番东南）有功，火赤哈儿战死沙场，此后，其子高昌王纽林的斤率都迁到永昌（今武威凉州区永昌镇，元永昌路冶所）。阿台不花亦随迁至永昌，以后其子孙忻都、翰栾也世居永昌，翰栾在元惠帝至正年间任中书平章政事（宰相副职）。至正二十二年（1362年）十月惠帝追封翰栾之父忻都公为西宁王，并立《大元敕赐追封西宁王忻都公神道碑铭》于永昌。该碑用汉、蒙两种文字叙述了翰栾的父亲忻都公及其先辈"居官治世，克尽乃职，兴利去害，屡献嘉谋"的丰功伟绩，特别对翰栾之父忻都公生平事迹描述更为详细。忻都，生于至元九年十月，其教育子女非常严格，"若曹年少，不知稼穑之艰难，宜务农治生，当力行善事，毋染恶习，思父母生成养育之恩。与人交毋挟贵势，毋诲卑贱，择胜也者而友之，出而仕也，也廉慎自持，尽忠于君，爱民如子，不陷刑辟，名垂后世"。至正二十二年（1362年）正月卒，享年60年，死后追封为西宁王，葬于永昌府的石牌沟。关于忻都公迁至并定居永昌的原因，《高昌王世勋碑》有详细记载。

《亦都护高昌王世勋碑》《大元敕赐追封西宁王忻都公神道碑铭》记载了回鹘（回纥）在河西居住和发展的历史，填补了《元史》和《新元史》的空白，见证了高昌回鹘与元朝的百年沧桑，是研究两大家族及回鹘史、河西多民族史的珍贵文物资料。2013年，"高昌王和西宁王家族墓"被国务院列为第七批全国重点文物保护单位，遗址已由当地政府立碑保护。

第六章

武威地名的历史文化价值解析

第一节 武威地名文化的现代价值

"求木之长者，必固其根本；欲流之远者，必浚其泉源。"习近平总书记在文艺工作座谈会上强调："中华优秀传统文化是中华民族的精神命脉，是涵养社会主义核心价值观的重要源泉，也是我们在世界文化激荡中站稳脚跟的坚实根基。增强文化自觉和文化自信，是坚定道路自信、理论自信、制度自信的题中应有之义。"

地名文化是人类文明发展不同时代经济、政治、文化的发展物质印记的历史反映，地名文化与传统文化既密不可分又各具特色，是中华优秀传统文化的重要代表。习近平总书记指出："我们要以更大的力度、更实的措施加快建设社会主义文化强国，培育和践行社会主义核心价值观，推动中华优秀传统文化创造性转化、创新性发展，让中华文明的影响力、凝聚力、感召力更加充分地展示出来。"

目前，武威市以建设文化旅游名市为目标，以融合发展、高质量发展为主线，加快文旅项目建设步伐，提升文旅服务水平，开发特色文旅产品，全面打响"天马行空·自在武威"品牌形象，全市文化旅游产业呈现快速发展态势。在这个契机下，研究武威的地名文化，挖掘武威地名文化价值，进行合理的开发与利用，既可以很好地保护武威地名文化遗产，又有助于武威城市形象的树立，还可以为文旅产业等开发提供新的视角，对于助推武威经济、文化、社会的发展有着深刻的理论意义和现实意义。

（一）文化价值

地名文化与传统文化共生、共变，负载着人类丰富的文化内涵，是人类文化不可分割的一部分，从物质、制度、精神等不同层面反映着人类博大精深的文化，具有极其重要的文化价值。物质文化是人们为满足生存和发展而创造的物质产品及其所表现的文化，包括饮食、服饰、建筑、交通、生产工具等，往往成为地名的命名依据，使地名承载了丰富的物质文化内涵。制度文化是人类考虑到自身和社会发展的需要而创制出的有组织的规范体系，包括行政管理制度、人才选拔制度、民间礼仪俗规等，这些内容在地名中都有所体现。精神文化作为人类意识观念的集合，在地名中也得到了很好的体现，我们可以在地名中看出人们对美好生活的向往，可以看到日常的世俗百态，可以概括出人类活动的轨迹规律等。

我们从"武威""雍州""凉州""姑臧"等地名中，可以看出武威的地名见证了西汉骠骑将军霍去病击败匈奴、武功军威、张骞出使西域、五凉京华、河西都会、魏蜀吴三国纷争等的历史与文化，同时也见证了五凉文化、长城文化、吐谷浑文化等文化的繁荣发展，还见证了历代文人大家的人才荟萃、"凉州词"的诞生、鸠摩罗什翻译佛经、中国旅游标志"铜奔马"的出土，更见证了雍凉书院、成章书院、苏山书院、龙山书院、振育书院等书院的灿烂兴衰。可以说，武威的地名文化记载和描绘了武威的山山水水、人文济盛和悠久历史，是一笔宝贵的文化遗产和精神财富，其文化价值值得发扬光大。

（二）科研价值

研究地名文化的起源和演变，揭示其内在规律，有着重要的科学研究价值。在有关自然地理方面的地名中，多以山川、方位、水文等来命名，我们可以从这些地名中研究当地自然的特性和变迁。一些历史地名文化可以对我们推测当时当地的自然和人文地理环境起到很大的帮助，对研究区域开发历史和地理演变如河道、湖泊、植被等都具有很大的意义。武威市诸如石羊河、石门河、金强河、东大河、杂木河、西营河之类的水系地名，以及东河、二坝、中渠、上泉等方位名词，都为我们研究和考证武威旧河道的变迁留下了丰富的资料。

地名的命名随着时代的变化而发展。人类早期的地名命名很大程度上局限于表现地物特征和景观。随着社会的发展，文化的进步，历史的更迭，颇具人文特色的地名文化异彩纷呈。千百年传承下来的地名文化可以为历史学家、考古学家提供考察研究的范本。地名文化可以为地方史、专门史、社会史、民俗史、文化史等的研究提供一定的考证资料，对于研究人类社会发展变迁的历史轨迹具有重要的参考价值。地名文化作为语言、地理、历史和文化诸要素的综合体，其考查往往能提供出重要的证据来补充并证实历史学家和考古学家的论点，有着极其重要的史料价值和科研价值。武威地名文化在悠久的历史中也积聚了科学研究价值，这对于我们研究武威的自然环境变迁、神秘的河西走廊文明以及"崇文尚德、包容创新"的城市精神等都起到一定的参考佐证作用。

（三）传播价值

地名文化作为人类社会中用于标记和区分各种地理实体、行政区域以及居民聚落等的成果，对于宣传地域特色、增强文化认同、传播地域文化等具有重要的作用。地名文化虽然随着时代的变化而变化，但总体来说变化不大，可以充分发挥其地理标识作用，仿佛是一扇窗口，透过这扇窗口，我们可以看到一方水土千百年来的变迁和沉淀，所以说地名文化具有强大的传播价值。雷台出土的铜奔马是中国旅游标志，说起铜奔马，人们一定会说起武威，说起雷台汉墓。雷台这个地名让人们加深了对武威铜奔马的印象，也让人们心心念念地探访铜奔马的源头武威，所以其独特的品牌价值和传播价值不可估量，很好地发挥了地名文化的地理标识作用和传播价值。

铜奔马，又名"马踏飞燕""马超龙雀"等，为东汉青铜器，是国宝级文物，1969年10月出土于武威市雷台汉墓，现藏于甘肃省博物馆，为甘肃省博物馆镇馆之宝。2002年，铜奔马也成为首批禁止出境展出的国宝级文物。铜奔马高34.5厘米，长45厘米，宽13.1厘米，重7.3千克，造型矫健精美，作昂首嘶鸣、疾足奔驰状，显示出一种勇往直前的豪情壮志，是中华民族伟大气质的象征。

铜奔马的造型方式沿用了当时通行的奔马形象，并且创造性地加入了飞鸟，既起到了固定作用，又增加了马飞奔的气势，它是汉代人勇武豪迈的气概、昂扬向上的精神面貌的表现，反映了汉王朝的强大与富足。

1985 年，铜奔马被国家旅游局（今中华人民共和国文化和旅游部）确定为中国旅游业的图形标志，并一直被沿用至今。今天，铜奔马仍然是武威的一张文化名片。

（四）经济价值

近几年来，地名文化的经济价值愈来愈多地被人们关注，被运用到商业领域。旅游经济是地名文化主要的商业开发形式。地名经过历史长河的洗礼，具有稳定性、持久性和很强的扩展渗透功效，已经在人们的意识中成为该地的象征和标识，承载着一方与众不同的气韵。当提及某地名称时，旅游者会根据已有的经历或信息在脑海中形成特定的意象图，旅游动机就建立在对旅游目的地的这种知觉上，而旅游动机的强弱取决于旅游目的地形象的吸引力强度。

"吾闻昔日西凉州，人烟扑地桑柘稠"。武威，自古就是沟通西域、连接欧亚的交通要冲。亘古绵长的"丝绸之路"横贯东西，途经武威，造就了"通一线于广漠，控五郡之咽喉"的军事要地和商埠重镇。

从雪山到冰川、从森林到草原、从湖泊到河流、从戈壁到沙漠……这片广袤而丰饶的土地，上演过太多金戈铁马的岁月传说，也保存着无数浑然天成的自然奇观。这些都见证着武威这座千年古城的沧桑巨变。

第二节　地名文化对武威经济社会发展的宣传作用

对于一座城市来说，历史文化的传承其实有着更多的载体呈现。比如，文化传承可以通过城市中传承下来的"老字号"名店的形式，人们可以通过这样的名店感受到历史的洗礼和现实的冲击，从而获得一种文化的价值呈现。通过一个古老的地名，人们可以在使用它的过程中抚今追昔，感受其中的魅力。

随着现代化进程的加速，地名使用上也呈现混乱状态，洋地名的使用就是一个特殊的表现。在这样的使用中，无论是"盛世欧景"还是"地中海花园"，这样的地方明明是在武威，却又让外人感觉到是在国外。要控制这种现象的发生，需要加强对老地名的研究与再利用。比如，对老地名的注销、更名或合并以及历史地名保护名录中在用地名的更名，要严格控制；对于历史上存在过，且具有丰厚文化底蕴和重要历史价值但现在没有使用的老地名，要考虑重新恢复使用；对于未被恢复启用的地名，应当采取挂牌立碑等措施加以保护。这样的规范是一种对于地名使用最好划定边界的形式，让地名成为文化传承的载体。

另外，地名作为一种文化的传承，本身就有延续性，不能随意更改。只有如此，才能够让其成为文化传承的载体。武威地名命名要坚持"尊重当地历史和现状，突出历史文化特色，保持地名相对稳定"的总体原则和基本规范。

一、发掘历史文化，传承价值认知

地名像一个"坐标系"，标记着历史变迁、世事浮沉，又像是"说明书"，短短几字便让人看懂历史的更迭。一些地名的背后"站立"着曾经守护百姓、造福一方、永受爱戴的历史人物。武威历史悠久，文化名人辈出，城内保存着很多名人故居。

地名往往能将地区特色鲜活地呈现出来，同时，它也是一个文化价值系统，体现了一定空间范围、一定时间历程和一定人群范围内的价值认知，具有凝聚共识、传承历史的显著特征。贾坛故居、李铭汉故居正是这方面的典型。

民国时期的贾坛故居，是具有西北地方特色的近代建筑。贾坛，祖籍湖南长沙，世居武威，故以武威人自居。他出身于商贾之家，能书善画，酷爱金石文物，新中国成立前后曾对保护武威文物做出过卓越贡献。

贾坛故居，建于 1930 年，原来位于凉州区北大街中心巷 34 号，因城市建设需要，整体原貌搬迁，现坐落在武威大云寺的东侧，为省级重点文物保护单位。故居东西长约 40 米，南北宽约 30 米，占地面积 1200 平方米，是土木结构的二进四合院建筑。走进贾坛故居，有街门，有倒座，街门面阔一间，走马板上有"望重长沙"门匾，是由凉州知府、甘凉兵备道王步瀛于 1919 年题写，反映出贾坛在故乡长沙德高望重，受人景仰。影壁两侧刻有对联一副："传家德谊敦三物，华国文章本六经。"影壁左边的前院门上有"诗书门第"匾额。穿过过厅，进入二进院，主体建筑堂屋是一座硬山顶式的重楼建筑，面阔五间，进深一间，前出廊，一楼是主人的客厅、书房和卧室，二楼是藏书楼；左右两个厢房，砌筑高大的女儿墙，风格独特。贾坛故居保存完整，院内砖雕木雕非常精致，楹联门匾书香浓郁，代表了民国时期武威的社会风尚、建筑风格和雕刻艺术水平。

李铭汉是清代道光至光绪年间著名学者、经史学家、诗人。位于凉州区达府巷的李铭汉故居，整座院落建筑布局错落有致，走廊、庭院、花园……具有浓厚的人文气息，成为当时武威的名宅大院，民间俗称"李翰林院"。

2018 年，武威市对这一处历史文化遗存进行了保护性修缮。同时，拓展绿色空间，在故居东侧修建"翰林园"小游园，布设景观、置石、半廊、仿古亭、古井等，修复后的李铭汉故居和南城门楼相呼应。

走进李铭汉故居，青砖黛瓦与蓝天白云辉映，跨过古朴气派的木质大门，院落里摆放着两口水缸，屋檐凝结的水珠滴落进水缸泛起涟漪，三五条金鱼躲进水草，四周环绕的匾额显示出这是曾经的书香门第。

修缮一新后的李铭汉故居是一处布局严谨、古朴典雅的清代建筑，其内部的陈列布展采用场景复原展示方式，恢复了清代武威民居的原状陈设，各展厅陈列有李铭汉后裔捐献的老旧家具和从甘肃各地征集的清至民国时期家具、学习用品及藏书323件，包括李铭汉画像、高足方形茶桌、太师椅、长方形半浮雕龙纹书桌等展品。

二、紧扣时代脉搏，见证城市崛起

文化是一座城市的灵魂。地名记录了城市的历史文化，承载着城市的发展变化。飞速发展的城市中，有历史典故和文化底蕴的地名，能起到精神示范作用，为社会大众筑起"精神大坝"。

城市新区地名命名选用古典诗词元素的做法，在武威十分常见。如锦绣天成小区，花团锦簇、绿意盎然、风光秀美。在这一大片美景周围，花辰路、花径巷等唯美的地名，取自诗句"绣衣真昼锦，彩服更花辰""花径尘芳，浅印花鞋小"，诗中有景，景中藏诗。

随着城市的发展壮大，城市道路网不断"翻新"。在新建道路的命名工作中，既要体现地方特色、地方文化，也要留下时代发展的印记。体育路、文昌路等路名，就是对产业欣欣向荣、人民安居乐业的生动表达。道路的命名或更名，与城市发展同频，见证着时代的进步，刻录着城市"拔节生长"的印记。对每个人来说，那些熟悉的地名寄托着思乡之情、归属之感。对一座城市来说，地名文化是市民文化的一部分，也是外地人了解一座城市的"窗口"。

三、留存历史记忆，拳拳故土深情

古浪县地处河西走廊，位于腾格里沙漠和祁连山之间。2012年，针对古浪南部山区"一方水土养不起一方人"的情况，古浪县启动了黄花滩生态移民易地搬迁工程，老百姓从大山褶皱里搬到适宜人居的新村，通过生态环境治理，古浪县将 40 万亩黄花滩变成了适宜人居的绿洲，当地走出了一条高深山区贫困群众易地搬迁脱贫致富和祁连山生态环境保护双赢的扶贫开发新路子。

作为黄花滩移民区的第一个移民村，"感恩新村"是一个标志性的名称，是古浪县实施生态移民易地扶贫搬迁工程过程中的一个缩影，也是古浪县脱贫攻坚成果的一道丰碑。历经几年的发展，全村拔掉穷根，生产生活方式和精神面貌焕然一新，用生动的脱贫攻坚实践，书写了甘肃历史上最成功的脱贫故事之一。

"贫困第一村"一举蜕变为"脱贫攻坚第一村"。是中国共产党和人民政府帮助他们拔掉了穷根，大家内心深处有说不尽的感激之情，议定村庄名称时，乡亲们没有再考虑以让他们受贫千百年的中团村命名。有人脱口而出："感恩新村！"全体村民一听，一致赞同。这是村里多少年来少有的盛举，没有争议地通过了村庄的名称。

四、军民联合共建，谱写时代篇章

武威素来就有拥军优属、拥政爱民的优良传统，荣膺"全国双拥模范城市"。凉州区荣华街有一条拥军路。近年来，全市上下深入贯彻落实习近平总书记关于双拥工作的重要论述精神，积极支持和服务保障军队建设改革，加大优抚安置保障力度，紧盯打仗急用、改革急需，想方设法为部队办实事解难题，巩固和发展了军政军民团结大好局面，促进了全市经济社会高质量发展和部队全面建设。驻武部队和全体官兵情系"第二故乡"，大力弘扬拥政爱民优良传统，主动承担急难险重任务，积极投身全市脱贫攻坚、全域生态文明建设、全国文明城市创建等各项工作，为武威改革发展稳定做出了重要贡献，谱写了军政军民团结奋进的时代新篇。

第三节　地名文化体现文化认同

加强地名文化保护，推进地名文化建设，对于弘扬社会主义核心价值观、传承中华优秀传统文化、增强文化自信和中华民族凝聚力、实现中华民族伟大复兴的中国梦具有重要意义。

地名作为一种重要的文化形态，承载着人类文明发展的历史，包含着丰富的信息，是一个民族历史的见证、文化的记忆。这些地名承载着一个地方人们满满的情感寄托。地名文化是地方记忆最直接的线索，凝结着一个地方的历史演变和文明发展，也是人们对地方情感的表达和认同，从而成为寄托乡愁、寻找归属感的重要纽带，对具有一定历史沉淀的地名进行保护，能够丰厚城市记忆，加深文化烙印。

在诸多地名命名中，有历史传说留下来的，也有来自经典古籍的，还有旧时官署相关的地名以及旧时租界地名，更有的以历史事件及人物等方式流传下来。比如武威城区的达府巷、鼓楼巷、杨府巷等。

2007 年，第九届联合国地名标准化大会暨第二十四次联合国地名专家组会议确定"地名属于非物质文化遗产"，适用《保护非物质文化遗产公约》，首次在国际上将地名纳入非物质文化遗产的范围。

为进一步加强和规范地名管理，适应经济社会发展、人民生活和国际交往的需要，传承发展中华优秀文化，在总结现行《条例》多年来实施经验的基础上，针对地名管理工作面临的一些新情况、新问题，国务院于 2021 年 9 月 1 日修订通过《地名管理条例》并于 2022 年 5 月 1 日起施行。修订后的《条例》共七章四十四条，对地名管理作出了全面、系统的规定，将进一步提升地名管理法制化、科学化、规范化水平，为推进新时代地名工作高质量发展提供了法治保障。这是我国加强和创新社会治理工作中的一件大事，对进一步优化地名环境，便利群众生产生活，更好地传承保护地名文化具有里程碑式的重要意义。

《条例》的第四章第二十四条规定"县级以上人民政府应当加强地名文化遗产保护，并将符合条件的地名文化遗产依法列入非物质文化遗产保护范围"。另外，《条例》第十条规定"具有重要历史文化价值、体现中华历史文脉的地名，一般不得更名"。这些措施有利于优秀传统地名文化的保护，有利于传承发展中华优秀文化。

一、地名是交流交往的媒介

地名是人们从事社会交往和经济活动广泛使用的媒介。每个人在每天的生活中都离不开地名，地名就像阳光、空气和水，与我们的生活密切相关。个人身份信息登记需要地名，简历需要籍贯。凡是涉及个人信息的，住址是个无法回避的问题。聊天闲谈中，大家很自然地就会问道："您是哪里人？您老家是哪里的？"

地名中蕴含了语言、地理、历史、文化、民族等学科知识，是一个地方文化的重要标志。每个地方的自然地理、风俗习惯、生活方式、历史沿革各不相同，从而形成不同的"地名文化"。因此，每一个地名都珍藏着独特的社会信息，记载着深层的历史风云，体现着深厚的文化底蕴。

二、地名是历史文化的传承

地名文化是中华传统文化的组成部分。民勤有苏武庙，传颂着苏武牧羊的故事。凉州区则有"张义川，水湖滩，大佛爷手指磨脐山"的歌谣和许多美丽传说。

"虎踞龙盘数重天，云借苍松上岭颠。群峰玉砌高揽月，凿龛古壁禅静参。秋来春去万年雪，时是沧海亦桑田。白首从容千里望，黄沙树绿亘相连。"这首名为《天梯古雪》的古诗，是古人对天梯山美景的激情描绘。天梯山层峦叠嶂，风光绮丽，风景这边独好。古人因其山道崎岖，形如悬梯，故名天梯山。站在山间，向上仰望，山巅白雪皑皑，如白纱覆盖，似梦似幻；环顾四周，山坡草木丛生，泉水叮咚，似人间仙境。因此，武威人民把"天梯积雪"称为武威城外八大景观之一。

天梯山石窟也称大佛寺，位于城南 50 公里处的张义镇灯山村，石窟中大佛依山而坐，脚下碧波荡漾，薄云缠绕其身，构成了一幅山、水、佛、云浑然一体的壮观奇景，是凉州颇负盛名的旅游胜地。大佛巍然端坐，左手平放在膝盖，略出膝部；右臂前伸，手掌外撑，向对面的山推去，所指之处叫磨脐山。

这些地名沉淀着历史文化，给人们一种情操的陶冶，寄托着一种美好的向往。因此，继承和发扬地名文化，对于弘扬中华文明，弘扬爱国主义精神，传承先进文化，振奋民族精神，打造历史文化名城，有着深远的历史意义和重要的现实作用。

三、加强地名保护工作

实现经济快速高效、持续健康发展，是构建和谐社会的物质基础。地名信息是社会基础信息，经济社会的发展和政府对社会的有效管理都需要提供完整、准确、方便、规范的地名信息。经济建设对地名信息的需求量越来越大，对快速获得和传递地名信息的要求越来越高。规范地名信息，创新服务方式，提高应用水平，不仅可以为经济社会发展提供便捷、及时、规范的服务，为公众参与政治经济和文化活动创造良好的条件，还可以为日益频繁的国内国际交流创造和谐的社会环境。

不断提高区划地名工作科学化、法制化、规范化水平。加强历史文化传承保护，要推进红色地名宣传，深化地名文化挖掘，加大武威历史文化保护力度，传承弘扬地域特色文化，激发农村发展活力。提升区划地名公共服务水平。推进"互联网＋"在区划地名管理实践中得到创新运用，推动区划地名工作与互联网深度融合，促进区划地名信息共建共享。

新的《地名管理条例》实施以来，武威市认真组织学习、抓好贯彻落实。

一是强化政策学习，对《条例》精神实质、主要内容抓紧抓实。组织全市各级民政部门学习新修订《条例》主要精神，重点学习《条例》的重要意义、总体思路和主要内容，对《条例》内容分析解读，通过全文通读、重点章节细读、结合工作实践研读等方式，全面系统学习，不断加深对《条例》精神实质和主要内容的学习理解。通过张贴宣传资料、设置宣传展板、发放宣传手册、组织宣讲活动等形式，积极宣传《地名管理条例》，引导社会公众深化地名认识、加强保护地名，营造社会关注度。进一步促进地名命名管理规范、地名公共服务水平提升，传承和弘扬优秀地名文化。

二是强化工作指导，将地名管理新老衔接落细落实。为做好《条例》学习宣传贯彻，武威市民政局下发《学习宣传贯彻〈地名管理条例〉通知》，督促各县区明确宣传方法、步骤、工作要求等，结合开展的国家地名信息库数据质量建设行动，认真研究贯彻落实新《条例》对地名管理的新规定、新要求，做好地名管理新老衔接，落细落实。

三是强化宣传引导，将《条例》宣传贯彻推深做实。线上通过网站、微信公众号、微信群等信息平台组织宣传学习。线下印制宣传资料提升宣传效果，全市共印制宣传材料2万余份。指导各县区在乡镇（街道）、村（社区）利用LED显示屏、公示栏等位置广泛宣传，用深入浅出的语言、生动活泼的形式开展学习宣传活动，入脑入心。

四是强化机制完善，确保地名管理服务走深走实。按照新《条例》明确的统一监督管理、按职责分工负责的指导原则，积极做好住宅区楼宇名称的管理和相关工作的衔接，与住建部门密切协作，稳妥做好职能划转工作；与城市管理、公安等部门加强沟通，进一步做好道路指示牌、交通指示牌管护及城市公园命名等工作，建立健全地名管理工作协调机制，确保地名管理服务走深走实。

第四节　武威地名文化旅游价值的开发探究

　　旅游的本质是对异质文化的体验与经历，地名文化作为地域文化的重要组成部分，深蕴着历史价值、文化价值，给游客创造出审美空间和趣味、情感体验。而地名因其普遍性，常被我们忽视，其隐匿的文化宝藏深埋在历史之中，亟待开采开发。山水风物源于自然手笔，无法依人的意志改变，禁锢了地方旅游资源的开发。然而地名凝缩着地方历史的气韵，沉淀着独特的文化魅力。如果地名文化的旅游价值能够得到合理开发，不仅可以保护传承地名文化，当地的旅游资源也可得以丰富，品位得以提升。

　　地名文化若仅用文字讲述的方式，很难引起游客更大的兴趣，若借助各种旅游特色资源，将会给游客带来深刻的体验和文化享受。比如，湖南省的桃源县因陶渊明的《桃花源记》而得名，由此仿文中所述设景造物，寻渔郎足迹重访世外仙境，先遇水源洞，后穿秦人洞入秦人村，村内处处漾着秦时民风，有秦时的奉先祠、余荫堂等古建筑，办有秦文化展，游客于此可坐秦车、听秦戏、穿秦服、用秦币，完全融合在桃花源的文化氛围中。又如四大古镇之一的景德镇原名昌南镇，宋真宗景德年间，因此地烧御用瓷器有"景德年制"字样，故改名"景德镇"。景德镇已变成了瓷器的代名词，完全可以借助瓷器工艺、瓷器作坊等来开发景德镇的地名文化资源。地名文化在旅游产品的开发中发挥着重要作用，同时为旅游产品增添文化内涵，提升旅游产品品位。

一、挖掘地名文化的旅游价值

　　武威地名文化需要得到深度而细致的发掘，通过组织人员收集、整理武威的地名文化，追溯其源头，探究其发展变迁以及背后蕴含的历史故事、神话传说和交通变迁等，然后制作成精美的手册，给游客系统地介绍地名文化知识，以方便游客实地游览。

创新旅游交通标识标牌，在武威各大景点设置旅游交通标识标牌的时候要充分考虑旅游交通标识标牌上字体的设计，可加入书法、印章、图案等元素，内容上除了名称、地图之外，还可以适当加入该景点、街区故事简介，该地名的来历等。同时在新媒体上如抖音、快手等进行宣传，激发游客的旅游兴趣。

同时，对导游和相关从业人员进行武威地名文化方面的培训，导游和相关从业人员应该成为地名文化旅游资源的推广者和宣传者。在旅游业从单一观光式到体验式，再到教育式发展的今天，尤其是近几年打卡式旅游已经成为一种新的旅游方式。旅游越来越注重个性化、注重过程、注重参与性，而不是注重结果。利用地名文化，感受地名背后的故事、地名有关的古诗词，让游客沉浸在古人的浪漫与趣味中，已成为旅游从业者新面临的挑战。

如民勤县地名中蕴含着丰富的苏武文化，"苏武镇""苏武山""苏武庙"等。据当地的传说，苏武当年牧羊的地点就在苏武山下的白亭海边。山上有芨芨草，十分柔韧，当年苏武就曾经用这种芨芨草缝衣补鞋。以前山上有一泉叫"蒙泉"，据说这是苏武当年饮水的地方。通过这些地名，激发了游客们来此游玩的乐趣，想实地了解和感受苏武牧羊之地，游览白亭海、观赏芨芨草、一饮"蒙泉"水，感受苏武对祖国忠诚不渝的坚定意志。

武威历史上一直是军事重镇，武威地名中凉州区的古城镇、长城镇，古浪县的裴家营镇、定宁镇等都是与军旅相关的。古城镇因汉唐时期曾设有屯兵戍边而得名，镇内磨咀子汉墓群闻名遐迩，西夏塔儿湾遗址更是蜚声省内外；长城镇因明长城从镇内穿境而得名，境内有明长城遗址和高沟堡古城；定宁镇因清代在此筑寨而得名；裴家营镇因明代设兵营驻防而得名。从这些地名中，可以激发游客一览汉唐明清文化的兴趣，推动武威市文化旅游的知名度。

二、提升游客的审美体验

文人诗词歌赋、对联绝句中的地名能为游客带来不可多得的艺术体验。武威历史悠久，无数文人雅士在此留下了脍炙人口的名篇。如清代诗人张玿美《夏五游莲花山（其二）》中“接竹引泉流远韵，傍崖筑室卧苍烟”描绘了莲花山的清幽高雅，《天梯古雪》中“神龙西跃驾层峦，万古云霄玉臂寒”描绘了中天梯山冬季的雄伟高峻和严寒；清代诗人郭楷《登南城楼晚望》“千重树色收残雨，一派湖光漾晚晴”描绘了凉州南城楼雨过天晴后树木茂密、湖光交错的美丽景色；张澍《游海藏寺》“曲沼嘉鱼跳拨剌，高松怪鸟叫钩辀”描绘了诗人游海藏寺幽静迷人的环境和置身其中的心旷神怡。

地名的组合带来了独具美感的写意空间，含有地名的文人佳作给武威古色秀丽的建筑和恢宏磅礴的自然景观增添了一番神韵，给静态的景观注入了灵气和情感，有很强的吸引力和趣味性，能激发游客的好奇心和想象力。比如，在汉唐天马城的凉州词馆，里面大量展现和凉州有关的诗词，其中以王翰和王之涣的《凉州词》最有代表性，寥寥几句就将古代凉州的边塞景象表现得淋漓尽致。

三、增强游客的精神体验

当历史成为过往云烟，自然景观沧海桑田，但一个地方的地名却一代代传承了下来，我们依然可以通过地名追溯历史的过往，通过地名透视历史的痕迹。

凉州区发放镇，以境内原有古发放亭而得名。明初朝廷对河西走廊地区实行大规模的移民实边，来自河北、山西、河南、山东等地数十万居民迁移到了河西一带，屯田生产，充实边防。明初移民时，各地移民都到大槐树下集中，然后编排队伍，分赴各地。今天武威地名中的“发放”“安置”等，实际就是当时移民管理安置机关所在地。很多当地人都知道自己的先祖来自山西大槐树，传说凉州区清水镇张清堡村古槐就是当时一个叫张清的移民从洪洞县带来的槐树种子培育而成的，这故事反映了当地人对先祖移民的追忆。古浪县泗水镇，曾经是丝绸之路的重要通道，泗水镇镇名来自于泗水河。据说泗水是今天山东南部、江苏北部一带的河流，从汉代以来，就陆续有来自古泗水流域的居民定居在古浪泗水。当时古浪泗水的移民怀念故土，为了表示永久的怀念，就用自己家乡的名字或者家乡的河流来称呼新迁徙到的地方。这些地名承载着武威悠久的历史，带领游客感受曾经那些迁徙者们背井离乡、开拓新的家园的艰辛历程。

四、打造与武威地名有关的农产品地理标志

地理标识是标识产品与来源地特定关系的标识，通常以"地名 + 品牌"的方式来命名，突出地域性和品牌价值。目前，武威市农产品地理标志主要有天梯山人参果、民勤蜜瓜、古浪软儿梨、泗水红提葡萄等水果，对于打造相关产品品牌还远远不够。武威市是农业大市，市内也有很多知名旅游景点和地名。可以结合当地特产、产品与地名相结合，打造一批寓意深刻、文化品位高的产品，对于宣传当地文化、带动旅游产业、促进武威经济发展有着很好的作用。

有些地名用于产品、用于广告、用于商标，和经济直接挂钩，宣传效果更明显，在传播中具有很强的扩展、渗透作用，容易引导游客进行旅游消费。如天梯山人参果是武威著名的水果，是甘肃第一个拥有中华人民共和国农业农村部中绿华夏有机食品认证中心认证的有机食品。天梯山石窟又是第五批全国重点文物保护单位和国家 AAAA 级旅游景区，是武威旅游的标志之一。可以说天梯山人参果是武威重要的特色水果，很多游客来武威旅游都会品尝购买。民勤县可以充分利用苏武相关的地名，如"苏武蜜瓜""苏武矿泉水"；凉州区还可以打造"长城三套车""长城沙米粉"等；古浪县可以打造八步沙相关的地理标识产品品牌，如"八步沙沙枣""八步沙清炖溜达鸡"等；天祝县继续打响"白牦牛肉""天祝藜麦""高原夏菜"等特色品牌。

五、开发与武威地名有关的文创产品

武威地名文化博大精深，其所承载的历史文化信息、武威地域特色、审美

性和趣味性、故事性和生动性都十分丰富。开发与武威地名相关的文创产品，不仅可以增加旅游收入，还可以宣传武威地名文化，对宣传武威旅游形象很有帮助。我们可以把一些有趣的、有故事性的地名用艺术字体、西夏文字等做成有趣的纹饰印在服装上，也可以把这些地名做成有意思的图案绘制到旅游宣传册、纪念册、笔记本和明信片上，还可以把这些地名与诗词歌赋、对联绝句的形式相结合，举办地名文化展，制作地名宣传短视频，把地名与摄影、剪纸、书法、绘画、贤孝等结合起来，展现武威丰富的历史、地理、政治、军事、经济、文化、社会生活等内容。

　　深入挖掘武威特色地名文化，塑造推广旅游目的地形象，使人们在提及武威时能够产生更加鲜明、深刻的印象，对于激发旅游消费者的旅游动机和欲望非常重要。地名文化作为旅游资源在开发的同时，务必要尊重历史，传承地方文脉，构建独具地方文化品位的旅游目的地，以提升整体资源的竞争力，推动地方旅游经济的发展。

第七章

新中国成立以来武威地名
文化研究与建设成效

第一节　主要研究成果

一、编纂出版地名词典、地名录

地名志作为最重要的地名工具书，全面、系统、客观地记录地名信息，承载着厚重的地名文化记忆。地名志承担着记录历史沿革，既包括消失地名、新增地名，地名的称谓演变和文化内涵，也涉及与地名相关的建筑设施、机关企事业单位名称等，是对地名变化的准确记述与丰富。

按照科学规划，有序推进地名志、地名词典、地名故事编纂工作，是服务社会民生的客观需要、规范地名管理的重要手段、传承与保护地名文化的有效途径，也是体现地名普查成效的关键环节，具有重大现实意义和深远历史意义。

为贯彻落实国务院"边普查、边应用"指示要求，武威市积极组织开展"地名文化保护"行动，高质高效完成全市第二次全国地名普查工作，与西北师范大学合作编纂出版《武威市标准地名词典》《武威市标准地名录》。

编纂出版《武威市标准地名词典》《武威市标准地名录》是及时发布并推动第二次全国地名普查成果社会应用的一项重要举措，也是加强地名文化建设的一项基础工程，更是地名普查成果转化的一项重要内容。对于推广、普及地名知识，推动地名标准化、规范化，传承和保护优秀传统地名文化，促进全市科学文化教育事业和地名工作的发展以及筑牢固有精神家园、永续乡愁情结都具有重要意义。

二、规范加强地名保护工作

近年来，武威市认真学习贯彻习近平总书记关于地名工作的重要指示精神，以第二次全国地名普查为契机，以夯实地名管理为发力点，以提升地名服务为落脚点，以地名文化建设为支撑点，不断优化地名专项事务，全力推动地名工作在时代变革中焕发新气象，让地名真正成为留得住的"乡愁"、留得下的"记忆"。

管理"严"起来，推动地名更规范。深入学习贯彻《地名管理条例》，坚持实事求是，一切从实际出发，科学合理确定地名更名清单。对于群众已经习惯、可改可不改的地名不予更改；对不规范地名标志，则结合实际更正修补或逐步更换，不搞"一刀切"，做到既方便群众又节约公共资源。健全完善地名命名更名备案公告机制。对具有重要地理方位意义的住宅区、楼宇的命名更名，由县区住建部门征求民政部门意见后批准；对具有重要地理方位意义的交通运输、水利电力、通信气象等设施的命名更名，须征求县区人民政府意见。各级民政部门在受理和审核地名命名更名备案材料时，必须通过政府网站、户外公益广告大屏等方式进行公示公告。加强罗马字母拼写管理，清理整治不规范地名，持续推进全市地名管理规范化标准化。截至目前，全市道路地名标志、交通标志、公交等公共领域关于地名罗马字母的拼写使用实际情况，均与《汉语拼音方案》一致。

文化"活"起来，保护地名更有力。充分挖掘武威地名文化资源，坚持传承和保护中华优秀传统文化。对在城市规划发展中，因拆迁建设而消失的小街巷区、村庄聚落等，以及在原土地上修建的居民区和道路，主张继续沿用原地名名称命名，不仅留住了老地名的文化根脉，也进一步延伸了老地名在时代变革中的文化内涵，控制了历史地名的更名与注销。如古浪县在设置S315线公路标牌时，完整准确沿用了整村移民搬迁前所在村的地名，并对沿途的娘娘庙、古城子、上石圈、下石圈、大泉、井沟等历史地名进行了挖掘保护。天祝县指导县住建局完成县城内和谐大桥、延禧大桥、交行大桥、华秀大桥、格桑大桥、祥安大桥等6座桥梁的命名，使地名命名与优秀民族文化有机结合。古浪县则将移民搬迁黄花滩集中安置区各移民点，依次命名为富康新村、感恩新村、阳光新村、为民新村、富民新村、兴民新村、富源新村，不仅寄托了搬迁群众对美好生活的向往，还进一步提振了移民区干部群众发展信心。

信息"用"起来，数字地名更惠民。结合第二次全国地名普查，健全完善地名信息资源共建共享机制，对全市乡村标准地名进行普查、整理和建档，建成市县区两级地名数据库，普查入库数据24221条。稳慎推进地名普查成果有效转化，历经3年时间，编纂形成全市综合类地名工具书《武威市标准地名录》和《武威市标准地名词典》，汇辑收录武威市政区、山水、名胜、交通等各类自然地理实体和人文地理实体地名共3500多条，力求达到时代性、权威性、科学性和群众性的统一。积极打造地名公共服务信息平台，及时完善中国国家地名信息库，努力提升地名服务经济社会发展的能力水平，让人民群众在互联网上能"望得见山、看得见水、记得住乡愁"。同时，会同公安部门完成标准地名二维码门楼牌设置工作，全市共安装换发二维码门牌807173块，极大地方便了政府管理服务和群众生产生活。

三、加快建立地名命名更名备案公告制度

武威市将加快建立地名命名更名备案公告制度，严把地名命名、更名关，提升新命名地名文化内涵，更多体现社会主义核心价值观、中华优秀传统文化、革命文化、社会主义先进文化；对地名文化遗产进行收集、记录、统计，建立健全名录体系和保护工作机制，加强地名文化遗产传承与管理；加大乡村地区地名管理力度，加强乡村地名标志设置，完善地名标志体系，提升乡村地名管理服务水平；加快地名信息化建设，做好地名信息采集、更新，及时上传提交；与住房和城乡建设部门密切协作，稳妥做好住宅区、楼宇名称管理职能移交有关衔接工作，配合建立管理制度，确保相关地名管理工作不断档、不停顿。

四、讲好武威故事

"从地名看文化,从文化看中国"。2021 年 3 月 13 日晚 7 时,由中央广播电视总台和民政部联合摄制的《中国地名大会》第二季第八期聚焦武威,通过天马行空、古韵之州、生态沙漠三组节目展演,向国内外展示我市悠久灿烂的历史文化,传唱千古的凉州诗词以及"时代楷模"八步沙"六老汉"困难面前不低头、敢把沙漠变绿洲的新时代武威精神。节目现场,八步沙"六老汉"三代人治沙造林先进群体代表走上节目舞台,向人们展示我市全域生态文明建设取得的丰硕成果。央视主持人、北京师范大学教授为武威作了详细精彩的介绍点评。

为了达到更好的宣传效果,3 月 13 日 18 时至 19 时,央视频 APP 推出直播节目《跟着地名游中国》,央视主持人与市新闻传媒集团节目主持人连线直播,宣传推介中国旅游标志铜奔马背后的故事。直播节目还以有奖问答的形式,设置 8 轮密集抽奖,送出了来自武威的文创产品铜奔马、西夏智慧书灯、土特产高原藜麦、古浪枸杞、民勤蜜瓜、天祝白牦牛肉等特色好礼,在线观看 73 万多人次。

与此同时,《跟着地名游中国》节目从 3 月 13 日起,还对武威市城市景观进行为期一周的 24 小时不间断慢直播。武威市选择南城门广场、天马湖公园两个地标作为直播点,采用 4K 技术,实时直播武威的"此时此刻",让广大网友身临其境感受今日武威。

第二节　新时代武威地名文化建设取得的成效

地名是民族文化遗产，城市的每一个地名维系着历史的记忆，打上时代的烙印，我们不仅要保留、继承传统地名文化，更要在城市建设中把地名命名工作做得更透明、更科学，继承地名文化遗产，弘扬地名文化，才能使我们的城市不断增添时代光彩。知名学者葛剑雄教授说："任何一个空间范围其实都与一定的时间范围相联系，这个时间范围有的长有的短，在这个时间范围里面又与很多地名以外的事物和因素相联系，所以地名除它们的本意之外，还有其历史的、文化的、社会的、民族的等各方面的意义。近年来，武威市各级民政部门主动履责、担当作为，地名文化工作取得了实效。

一、全面加强地名文化保护工作

（一）深入挖掘地名资源，推进地名文化成果转化

建立地名普查数据库，以第二次全国地名普查成果为契机，深入挖掘出具有地名文化意义的重点特色地名，大力推广使用标准地名，传承地名文化；结合撤乡设镇（街道）、行政村撤并相关工作，会同史志、自然资源局等部门及时校对《武威市行政区划图》。

（二）加大地名宣传力度，发挥地名文化作用

充分利用各种形式和渠道，依托网格化，大力宣传和弘扬地名文化，发挥舆论引导和监督作用，不断增强社会各界自觉使用标准地名和地名文化保护意识，营造良好社会氛围，传播优秀地名文化，让广大群众了解武威地名故事。

（三）规范地名命名和使用，提升地名文化品位

严格执行《地名管理条例》，健全完善地名普查制度，及时发现和纠正出

现的问题，对承担的街巷牌统一修复维护，并针对一些地方有地无名、一地多名、地名重名、怪地名的问题进行集中处理，规范标准地名的使用。深入开展不规范地名整治工作，持续有效防范"大、洋、怪、重"的地名产生。

党的十八大以来，习近平总书记多次强调，历史是最好的教科书，明确提出党员干部要学习"四史"。而历史地名正是中华文明发展中诞生的璀璨文化，也是中国共产党、新中国发展历程的重要见证。如井冈山、瑞金、遵义、延安等大地名和安源、三湾、黄洋界、大柏地、古田村、杨家岭、南泥湾、西柏坡等小地名，都记载着中国共产党光辉的奋斗历程，见证了中华民族生死攸关的时刻。

历史地名文化是"五位一体"总体布局中文化建设的重要内容。历史地名作为民族发展的共同记忆，在文化建设中具有重要地位和作用，是中华民族在长期奋斗中的文化成果，反映了中华民族的精神追求。加强对历史地名文化的保护，是传承和弘扬中华优秀传统文化的重要途径，也是新时代增强文化自信、建设中国特色社会主义文化强国的必然要求。文化自信离不开对中华民族历史的认知和运用，地名能够反映当地历史与文化特征，与民众的生活息息相关。如何留住老地名、保护历史记忆，是值得关注的重要问题。对地名文化的保护和使用，有助于保留人民群众对历史文化的情感与记忆，维护历史文化遗产的真实性、历史风貌的完整性、社会生活的延续性，保持历史文化底蕴，促进优秀历史文化和现代生活的融合。

二、高站位多举措推动地名保护工作

（一）优化顶层设计，完善管理模式

民政部门严格执行申报审批制度，严格按照《地名管理条例》及其实施细则开展工作，加强监管工作，整治地名乱象，规范地名管理，保持地名的稳定性和连续性。在依法管理的基础上，应完善领导机制，强化组织建设，全方位推动地名文化的发掘、研究和宣传。由民政部门牵头，集合文旅、交通、规

划、测绘等有关单位力量，成立统揽全局、机构清晰的全市地名保护工作领导小组办公室，对辖区内的历史地名进行常态化管理。重视历史地名材料的搜集与基础研究，同时加强同高校、科研院所，尤其是非遗研究部门的合作，编制科学、合理的历史地名管理法规和地名文化保护总体规划，并将规划公示，广泛征求群众意见。

（二）从全局出发，完善总体性规划

对于一地的历史文化景观，如果说历史建筑和历史街巷是硬件，那么历史地名就是软件。应将"历史地名保护"列为各地的"历史文化名城保护条例""非物质文化遗产保护条例"中不可或缺的组成部分，将历史地名作为"非物质文化遗产"和其他历史文化保护对象协同保护。

（三）开展地名整理，赋予旧名新生

对于历史地名，最好的保护方式是使用。加强地名规划工作，在保护和传承历史地名文化的基础上，科学规范地进行地名的命名、更名，并让历史地名在今天发挥新的作用。地名管理部门可通过查阅文史资料、寻访当地人士等方式，结合实际，界定历史地名的概念范围，对历史地名进行全面普查，确切掌握历史地名和地名专用字的数量，汇总整理后建立历史地名资料库或编纂地名录，并运用现代信息技术建立地名查询系统和地名申报系统。在此基础上，可依据地名的历史性、知名度、文化内涵、文化独特性及传承价值，经各级部门筛选审核、专家评定，分批次颁布历史地名保护名录。

名录颁布后，应对列入历史地名保护名录的地名实施分级分类保护，例如仍在使用的地名，一般不得更名；未在使用的地名，按照有利于保护传承、地域就近的原则优先启用；确实不能启用的，应采取设立纪念性标识物、立碑等措施加以保护；同时，被列入保护名录的地名不得被有偿冠名。

我国具有上千年历史的古县地名达 800 多个（其中 99 个被评为"千年古县"）。对于这些历史悠久的县名，即使撤县设区、撤县设市，也要想方设法保留其专名。在一般聚落地名、山川地名中，不乏集中反映当地历史文化信息的地名。这些地名若仍在使用中，应优先考虑保留，若未在使用中但具有较大历史意义，应重新启用。若出现因旧城改造、经济规划等引发的地名更名需要，应充分尊重当地历史文化面貌，在保护、丰富历史文化景观的前提下创造性地进行设计，将历史与现实有机结合。历史地名也可被用于新地点的命名，以历史地名命名新建的街道、小区、道路、公交车站等地点，让历史地名真正融入市民生活之中，植根于百姓心中。

（四）加强宣传力度，推动全民参与保护

大力弘扬地名中蕴涵的历史文化与精神，提高全社会的历史地名文化保护意识，是推动地名文化保护的应行之举。例如，2019 年到 2021 年中央广播电视总台和民政部联合摄制了《中国地名大会》第一季和第二季。该节目以别开生面的地名知识竞赛，既为地名爱好者们提供了一显身手、互相交流的机会，又带领观众领略了地名背后的历史文化、大好河山和精神理念，这个模式值得推广。

全方位展示武威历史文化。充分挖掘、利用武威历史上遗留下的古老地名文化资源，恢复历史文化街区部分街巷的传统名称，在新建建筑物及街巷命名上参考使用古代楼阁台池的名称，并对每一个名称的来历进行文字诠释，使人们更好地了解武威城市发展的变迁轨迹，增加历史厚重感，体现历史文化的传承精神，彰显底蕴深厚的凉州文化。在街巷嵌入历史文化元素。在文昌路、崇文街、龙门街、王府街、杨府街、达府街、钟楼街、书院巷、百家巷、海子巷、署东巷、会馆巷、县府巷、贡元巷、书院巷、仓巷等街巷制作有关街巷来历传说故事诗词、浮雕、绘画等，以知识性、趣味性增强古城的文化色彩，以历史传说和民俗风情体现文化底蕴。在广场、步行街、公园、公交车站候车点等处设计凉州历史文化名人雕塑及简介，设计凉州词宣传栏、树立历代武威进士名录简介宣传牌、在明清街悬挂仿古灯笼等，展示武威历史文化内涵。在历史文化街区每个巷口修建牌楼（坊），雕刻武威历史名人楹联，制作民俗简介或浮雕，统一街区的建筑风格，增加明清建筑氛围，以表达武威的历史文化，提升古城文化品位，凸显历史文化名城定位，突出浓浓的历史情怀，让人们感知武威历史文化的深厚底蕴。

充分利用"汉唐天马城"等景区，将"汉魏重镇""五凉古都""隋唐都会""大元故路""明清富邑"和祖籍武威的名人、客居武威的名人、任职武威的名宦等一一予以展示，增加历史文化的厚重感。恢复"凉州夜市"。借鉴全国各地成功的夜市建设案例，将武威历史街区规划建设成为观光旅游夜市，突出凉州夜市是丝绸之路文化典型代表的定位，既可以营造文化氛围，提高知名度和利用率，又可以增加就业岗位，发展地方经济。建设武威碑林。武威碑刻众多，是西北保存碑刻最多的地区之一，又被称为"碑刻之城"。宣传展示好《西夏碑》《弘化公主墓志》《高昌王碑》《西宁王碑》《重修凉州卫儒学记碑》等名碑，彰显武威历史的悠久和厚重。打造融合杂技百戏和幻术文化的演艺节目。后凉吕光从西域撤军时，带来了西域的杂技百戏，从此杂技百戏在河西大地流传开来。建设凉州姓氏（寻根）文化苑。凉州姓氏文化得天独厚，清代张澍所著"姓氏五书"（《姓韵》《辽金元三史姓录》《姓氏寻源》《姓氏辨误》《古今姓氏书目考证》）是中国姓氏文化的基础性著作，索、石、贾、安、廖、阴"武威郡六姓"及康、安、曹、石、米、何、史、穆、毕等"昭武九姓"，以及段、张、金、达等世家大族，其郡望堂号（祖庭）均在凉州，可通过雕像、名录墙等各种形式建设"凉州姓氏文化苑"，使其成为河西走廊乃至全省独具特色的"文化标识"之一。

创新宣传推介手段。对武威地名文化进行全方位、多角度、深层次地宣传推介。加大"走出去""请进来"营销力度，丰富传统媒体、新媒体宣传方式，拓宽宣传渠道。坚持办好凉州文化论坛、葡萄酒节等传统节会，并且深挖内涵，推出一批宣传展示武威特色文化的原创作品。制作品位高、有特色、吸引人的城市形象宣传片，充分利用电视、网站、新媒体等宣传媒介，图文并茂地展示介绍武威历史文化资源、自然风貌、旅游景点、风土人情、人文景观等。在高速公路进出口、火车站、汽车站、公园、广场、景区等明显位置竖立人物雕塑、设立广告宣传标牌。制作一批城市形象宣传册、名家名作选、武威历史文化故事等宣传品，放置到酒店、旅游景点或景区，用于馈赠客人，宣传武威。以文化文艺精品促进宣传，充分调动文化文艺创作者积极性，推出一批以凉州文化为背景的艺术水平高、经得起检验的文化文艺精品。引进开发"大型实景表演＋主题光影秀"，提升演艺水平和知名度，更好地宣传武威丰富的历史文化。展演展示宣传好大型历史情景歌舞剧《梦幻凉州》《千年华锐》、电影《八步沙》、长篇小说《筑梦八步沙》等优秀文艺作品，将武威推向全国，让凉州文化走近大众。编撰出版《话说五凉》（英文版），进行国际化传播，进一步提高武威的知名度和影响力。

三、加快武威地名文化的开发利用

武威拥有丰富的地名文化资源，有的地名描写所处的地理位置和独特鲜明的自然景象，有的地名记叙厚重的人文历史和重要的交通标志，有的地名展示重要的军事防御设施，有的地名寄托当时当地人们的思想感情、勾起人们的生活回忆等。武威地名文化是一座蕴藏丰富、取之不尽、用之不竭的"宝藏"，是彰显历史文化名城的一张极有分量的"名片"，是向外界展示武威乡村历史文脉、风俗民情的重要载体。

随着社会的变迁，赖以生存的乡土环境在不断发生着不可逆的变化，一些老地名逐渐消失，地名文化的保护和传承面临着日益严峻的形势，知道老地名的人越来越少，讲述老地名故事的人也越来越少。地名文化是一种独特的文化遗产和精神财富，需要保护好、传承好、利用好。梳理武威乡镇村组地名，研究这些地名形成的自然环境、制约因素、内在规律、文化成因等，考证这些地名背后的历史文化，讲好地名故事，分析总结各个乡镇的历史变迁、命名规律探究、精彩地名故事挖掘等，提出切合实际、因地制宜的保护、开发、利用策略，使乡村地名文化有效服务乡村群众日常生活、乡村文化旅游融合乃至武威经济社会高质量发展。同时，对于增强文化自信，助推乡村振兴，彰显凉州文化魅力，推动文化旅游名市建设具有重要的学术价值和现实意义。

地名作为指出地理空间方位的符号，在社会实践中发展为地方文化的表征符号，累积了一定的认可度，成为个人或群体情感认同的象征，与地域文化和民族文化紧密相连，形成文化认同性和延续性。明确体现特有的文化、地理、历史、社会或其他现实情况以及地区或民族特性、思维方式，是文化遗产的一个特殊部分。作为和过去链接的象征符号，反映了过去的各种情境和活动，甚至像居住地、街道等微地名也会构成集体记忆和遗产的一部分。

非遗文化认同价值的实现过程是由特定群体长期聚集生活在某一地域，形成地域独有色彩来实现的。"地名一直处于相对稳定与不断变更的交织运动中"，在长久的特定地域生活中，人与地方容易形成有机的互动关系，体现在特定生活方式、地方风俗习惯等地方文化传统中。地名作为文化符号可识别不同区域的文化群体及群体的文化创造，作为文化遗产被保护、利用和发展传承地方文化传统，实现文化认同价值，在具体的社会生活交流中能够发挥重要作用。

当前地名文化遗产的文化和经济价值日益凸显出来，文化价值随着社会历史文化的发展和传承而增大，潜在的经济价值因商业开发而体现。但同时出现传统老地名的消失、商业化对地名的侵扰和地名文化流失等问题。针对存在的困境，需要对地名文化遗产的管理和保护方面进行积极的探索。

武威乡村地名文化虽然千姿百态，丰富多彩，但是在开发利用方面还存在如下短板：一是有些乡村老地名逐渐消失。由于历史变迁、移民搬迁、楼盘建设等原因，有些老地名逐渐消失，有些被新地名取代，如凉州区大柳镇东社村三组、五组，老名称分别为高家夹道、陈家湾，如天祝县天堂镇朱岔村一组、二组、三组、四组，老地名分别为峡口、上屲、阳屲、格树。年轻人对这些老地名已经没有印象了。而且，一些新地名也冲淡了老地名的记忆，如凉州区大柳镇新建的柳苑新村、发放镇已建的发放社区、吴家井镇的新建村等。二是乡村地名文化的传承意识淡薄。大部分人对地名文化的认识不高，意识不到位，不清楚地名文化蕴藏着的文化内涵。导致缺乏保护和传承意识。三是对乡村地名文化的重要性认识不足。各地不同程度存在对地名文化属性信息采集认识不足、重视不够、挖掘不深入、采写不翔实等问题，保护传承的措施单一，办法不多，跟进保护力度和长远考虑不足。

四、武威地名文化开发利用的对策建议

（一）做好地名普查，建立保护名录

作为一种宝贵的不可再生的非物质文化遗产，武威地名文化的重要性不言而喻。随着社会经济的快速发展，大量的新地名在一些乡镇农村不断涌现，如社区、新村等，而一些具有历史文化价值的老地名逐渐消失。建议民政部门组织力量对武威市乡村地名进行全面普查，可通过查阅文史资料、寻访当地老年村民等方式，结合实际，摸清乡村地名资源的现状，进行汇总整理、科学分析，通过建立乡村历史地名资料库、乡村地名保护名录、乡村老地名信息数据库等的方式，促使地名保护工作扩大覆盖面，提高精确度。争取把地名保护名录延伸到村民小组，向乡镇村组具有历史文化价值的老地名倾斜，让宝贵的乡村地名文化得到全面有效保护。

（二）挖掘地名文化，讲好地名故事

一是充分发挥相关机构和社会组织作用，组织相关专家学者，加大乡村地名文化资源的挖掘、整理和研究力度，尤其是民族民俗文化中与乡村地名文化密切相关的农耕文化、民俗文化、饮食文化、非遗文化等等。适时举办一些乡村地名文化挖掘和保护研讨会、论坛、座谈会，增强乡村地名文化的影响力、知名度。二是加大武威乡村地名文化的宣传力度，既要采用出版《乡村记忆·武威乡镇地名文化》书籍等传统手段保护传承，又可采用微视频、纪录片、宣传片等媒介，讲好地名故事，让乡村地名文化一直传承下去，保护文化遗产，助力乡村振兴。三是经常性开展地名文化相关活动，如可开展以武威乡村地名文化为主题的征稿大赛，通过征集诗歌、散文、故事、回忆录等稿件，加

大大宣传和影响力度。也可开展武威乡村地名文化宣传活动，通过悬挂横幅标语、设置宣传展板、发放宣传彩页等多种方式，向群众宣传保护地名文化的重要性。

（三）做好阐释工作，加大传承力度

一是通过举办陈列展示、地名讲座等方式，进一步让人们认识到保护利用地名文化的历史意义和现实作用。二是组织成立乡村地名文化专家库。针对扩建或新建的乡村道路、公园、广场、社区、新村等命名时，由民政部门牵头，组织相关专家学者及村民代表开展论证会，尽量采用乡村当地有较大历史文化影响的老地名名称，并对每一个名称的来历进行文字诠释，增加历史厚重感，体现历史文化的传承精神。三是针对已经命名的新建道路、小区等，建议恢复乡村传统地名，彰显底蕴深厚、一脉相承的地名文化。四是在乡村路口、村口、巷口嵌入地名文化元素。可建设简易的介绍牌匾，制作有关乡村地名来历传说的故事诗词、浮雕、绘画等，以知识性、趣味性增强乡村地名的文化色彩，以历史传说和民俗风情体现文化底蕴。针对乡村地域广、保护点多的特点，还可采取以点带面、循序渐进的方式，首先选择一些知名度较高、具有历史价值的乡村老地名设立牌匾，并充分挖掘出老地名的历史背景、文化内涵、人文价值，通过各种宣传方法和形式来提高村民自觉保护乡村老地名的意识。

（四）建设主题场馆，展示地名文化

条件允许时，可在区县建设乡村地名文化馆或主题公园，呼吁更多的村民加入到保护乡村老地名文化的活动中，切实认识到传承保护乡村地名文化的社会责任和义务，从而保护地名文化遗产，留住乡愁。可组织专家学者在广泛调查、征求村民代表意见的基础上，编写符合武威实际的乡村地名文化陈列大纲，按地名特征分成不同版块，以点带面，突出重点，分层次展示武威悠久厚重、内容丰富的乡村地名文化，释放出武威乡村地名中包含的丰富历史文化信息，彰显出武威乡村地名中潜在的历史价值、科研价值和人文价值，增强人们建设家园的自信心和自豪感。设计布展时，在表现形式上，可采用文字解说、老照片、浮雕、沙盘景观、老物件、生活场景小雕塑和图版等传统手段，还可运用声光电等新媒体技术以及地名文化体验游戏等，讲好武威乡村地名故事，提升乡村地名文化的历史价值、旅游价值。还可在主题场馆里开设武威乡村地名文化文创产品展销，将地名文化的学术研究成果转化为灵活多样的文创产品，如赋予武威乡村地名文化内涵的折扇、茶杯、雕刻等，通过文创产品让群众了解地名文化以及地名包含的地理、历史、观念和所关联的故事，真正彰显武威乡村地名文化的价值及其现实意义。

第八章

武威地名文化传承面临的问题

武威具有丰厚的历史文化底蕴，又是华夏文明的显著代表，因此它在地名文化建设中的问题具有普遍意义。地名文化是中国传统文化的一部分，研究武威地名文化传承中的问题对保护和发扬传统文化具有重要意义。今天，随着城市化的迅速推进和外来文化思潮的影响，人们对传统地名的文化品位和文化价值产生了怀疑，地名文化建设和地名文化传承出现了若干问题。

第一节 武威地名建设面临的问题

首先，我们先来了解武威市地名传承面临的问题。可以说，近年来虽然武威各级政府做出很大努力，尽量使地名建设管理科学化、规范化，并朝着建立健全管理体系的方向努力，但还是存在一些需要解决的问题。

一、地名管理体制不顺

（一）管理主体多元化

地名管理的主体是"各级地名管理机构及同级人民政府主管地名工作的部门"，负责本行政区域内地名命名、更名和管理工作。武威前后两次大规模的地名普查工作，基本掌握了全市主要地名的起源、由来、含义、语词结构、地名分布、演变规则等，这无疑对进一步厘清全市地名的命名、更名、地名标志设置等工作奠定了重要基础。但是，地名普查直接反映出的问题是，作为地名管理重要内容之一的地名标志设置工作是分工负责的，这项工作牵涉城建、公安、水利、交通、林业、电力、园林、旅游、文化等诸多部门。地名标志设置工作政出多门，加之有些部门并不熟悉地名工作，使得地名标准化受到掣肘。

（二）地名命名、更名、审批的碎片化

在地名管理过程中还存在着地名更名、更名申报、审批存在政出多门等情形。根据《地名管理条例》第十二条规定，不同性质的地名的命名、更名等在征得当地人民政府的同意后，可以由专业主管部门批准。由此看来地名命名的决策单位和具体的管理单位并不一致，在一定程度上使得地名管理的范围与内容产生模糊性。

地名标志设置归口管理，目的是通过多方努力，调动各方面的积极性，以便于更好地推进城市的快速发展。但是多年的实践证明，政府各部门之间虽然分工明确，但协作尚且欠佳。地名标志设置包括乡村地名标志设置和城市街、巷地名设置。就武威市的情形看，按照分工都应该由城乡建设部门承担，而实际上多数都是由地名管理部门所设，城市地名标志设置部分，基本上有一半是由地名部门所设。按照分工，公路沿线村庄、水库、沟、桥梁等人工建筑，还有自然地理实体，即山、河、泉等，还有各种纪念场所及名胜古迹等地名标志的设置，应该是由交通、公安、水利、电力、林业、旅游、园林、文物等部门各自承担。但是实际上这些部门只是承担了部分责任，远远不够，而且缺乏应有的协调。其结果是虽然有分工，但是却没有合作，或者说分工的水平和效率都很低。

（三）政出多门难以统一推广标准地名

地名管理的内容包括诸多方面，即地名来源、来历、含义、语词结构、地名演变等基础性内容，还有地名标准化、规范化进程，根据法律法规的规定行政地名命名、更名、地名标志设置等一个系统化过程。为了管理好这个系统的工作领域，国家设置了地方的地名管理机构，并规定其拥有"同级人民政府管理部门的"职能。武威市地名管理机构从创建至今，经过多年的基础建设，以国务院的《地名管理条例》和《甘肃省地名管理办法》为基本依据，实施对地名从命名、更名，再到地名标志设置等诸环节的管理，不论从管理职责上，还是从管理能力上，应该说已经初步建立起地名管理框架。

但是，在实际运作过程中，一些规划、设计、施工部门常常以工程或者项目名称取代法定地名。有些媒体单位又常常以用户要求或提供的并不准确的信息将部分不符合法律规定的地名，通过媒体向社会传播。一些企业、个体工商户等为了便于自身开展经济活动，有时也自己命名或者是乱设地名标志。于是便出现了一地多名、一名多地、一名多写，甚至违规违法自制、随意设置地名标志等各种现象。这些做法不仅违反了国家相关法律和地名管理的相关规定，而且往往扰乱了正常的社会秩序，给人们的日常生活带来许多不便。

二、地名的规范化问题

（一）地名规范化程度不高

现有的地名法规缺少对相关地名用词的具体操作的规范化标准。如对道、路、街、巷命名的规范标准；地名命名、更名、注销操作规程的具体程序；地名名称书写规范、地名的字数规定、地名标志设置标准；路牌、门牌的规格等等。这些都是政府相关部门细致的、繁琐的工作，这些标准不统一、不明确，无疑增加了管理的难度。这些问题的存在，归纳起来就是"管理集中度不够"。政府管理部门过于分散，没有统一标准，没有统一的实施方案，更不是由一个部门统一实施。那些有具体标准的方面，也缺乏强有力的监管，对于那些违规者也难以做到恰如其分的惩治。

（二）老地名逐渐消失

随着城市化的发展，城市新区建设、老城区改造是现代城市建设的两种主要形式。旧城区改造后，使得原有的旧地名以及旧地名所在地的地理标志已经不复存在，不少老地名便随之消失，同时在原有地理实体位置上命名新地名。在那些新开发的城区，原有的旧社区或者原有的旧村落，其地名也往往随着新城区、新社区的出现而消失。据调查，武威有近一半的老地名已经消失。其他地区也有大量的老地名消失，只是程度不同而已。那些具有历史文化底蕴地名的消失，不论从地名学本身，还是从城市发展的角度看都是不可估量的损失。

（三）新地名规范性缺失

在现代城市发展过程中，出现了大量的新街道、新楼盘、新的商业区、学区、广场、游乐场所等，随之而来的就是新地名的大量涌现。地名的命名要遵循国家关于地名管理的法律、法规和具体的实施办法。但是，在城市的发展过程中，部分投资商、开发商、建筑单位等往往从各自的利益出发，从商业或者其他角度出发，非法命名或者不规范使用地名，盲目追求大、新、奇，吸引人眼球的命名方式造成新地名的不规范。虽然这类地名的通名不同，但是专名相同，所以造成了专名重名的现象十分严重。

三、地名法制化程度低

地名管理由政府主管部门进行具体实施，但地名管理根本上是一个法律、法规性很强的工作。总体上看，中国的地名管理法制化相较社会经济发展速度相对滞后。

（一）地名管理规范陈旧

《地名管理条例》要面对的是全国百万以上的地名，所以只能是粗线条的，更多的地名管理只能依靠地方政府。它的主要问题是：第一，地名管理和使用中的各种违法、违规行为，法律责任不明确，地名管理部门依法治理难度大；第二，对那些不适用标准地名和没有按照地名标准设置的法人和实体违规命名、更名的行为缺乏硬性的、明确的惩戒性措施；第三，对不适用标准地名和地名标志的行为也没有条理清晰的法律规范。

（二）地名管理监督机制薄弱

地名监督也是地名管理主管机关的重要责任。客观上要求对那些不按法律法规命名、更名和地名标志使用的一切组织和个人进行检查监督，它是地名机构依法行使国家行政职能的正当行政行为。地名主管机关应该严格按照规定的程序、原则和方法进行检查、督导。同时，要完善跟踪服务、与其他具体的行政部门有机结合，共同完成监督任务。而在实际工作中，地名管理的检查、督导是十分薄弱的，地名主管机关没有足够规模的人员完成这项工作。

第二节　武威地名文化传承面临的问题

一、出现地名"西化"倾向

随着经济的快速发展，城镇化规模不断扩大，很多旧城区改造为新城区，于是涌现出了大量新地名，"西化"的趋势十分明显。这些看似时髦的地名是否很好地突出了武威的地名文化特点呢？"有名，万物之母"，古人对于地名是十分看重的，很多地名，有历史文化精神，然而地名西化的泛滥，严重冲击了我国传统文化，这不利于我国传统文化的传承和发展。

二、个别地名混乱

地名是最能体现一个城市人文底蕴的历史信息，保留传统的地名，就是保留住传统历史文化的根。由于城市快速发展，道路改造，武威原有的胡同、街道已经被现在的高楼、小区取代，然而和其相应的地名标示却没有及时更换，这造成了一些名不副实和有地无名的混乱现象。

三、地名文化遗产评价标准体系仍不完善

目前，《地名文化遗产鉴定》是我国唯一的地名文化遗产鉴定标准。该鉴定标准自颁布实施以来，对不同类型、不同时代的地名保护起到了重要作用，但其局限性也随之不断凸显。首先，该标准的适用范围不能实现地名资源的有效覆盖。该鉴定标准仅适用于全国千年古城、古镇等 8 类重大地名的鉴定，难以用于其他地名资源，且因鉴定标准较高，不适用于市、县级地名文化遗产鉴定，如其千年古城（都）、千年古镇、千年古村落要求建成 1000 年左右或以上，符合这一条件的地名文化遗产比较少，不利于地方地名文化遗产的保护。

其次，评价方式单一。该鉴定标准没有实现定性与定量评价相结合，仅按照标准从定性的角度对地名文化进行鉴定评审，但定性评价会因不同年代、不同观念、不同文化背景、不同地域等原因影响到人们对地名文化价值的评价。同时评价考量因素相对不足，除了地名文化内涵、历史价值、传承价值、知名度，评价标准没有综合考虑地名覆盖范围、规范性、群众性等各种因素。

四、地名文化遗产保护配套机制急需健全

目前，地名文化遗产保护配套机制逐步建立，但还存在许多不足之处。一是宣传弘扬与公众参与机制不够健全，地名命名与更名、地方名录编制过程中都有公开征求社会意见的环节，但公众参与度并不高，大多数人对地名的认知普遍限于其地理空间位置，主题宣传片、图书等宣传推广难以全方位普及，造成了地名文化遗产社会认知度比较低，没有形成公众广泛深入参与的工作机制，导致公众保护意识淡薄，传统地名文化得不到很好的传承。二是保护管理与利用机制不到位，地名文化遗产信息数据库建设滞后，信息发布平台缺乏统一建设和管理，地名文化产品开发与产业发展不足，地名文化遗产相关产品较少，与社会建设、经济发展、旅游开发缺少有机结合。三是经费保障机制不够完善，地名文化遗产属于非物质文化遗产，保护工作主要由政府主导，保护资金也主要来源于国家或地方政府财政，造成政府财政压力大，缺乏社会资金的引导参与。

第三节　武威地名文化传承面临问题的成因分析

一、地名管理认识不足

（一）主观原因

改革开放的过程实际上也是一个理念不断更新的过程。人的思想观念和思维方式一旦形成之后就会形成一定的思维定式，这一点在地名管理方面也是一样的。地名管理理念的滞后往往会对地名管理的实际运行产生一定的影响。改革开放40余年的历程，地方政府在社会经济发展中发挥了不可替代的作用。随着城市的迅猛发展，政府的日常管理工作任务也呈几何式增长。尤其是2010年以前的30年，地方政府的主要工作就是抓地方经济，政绩考核也是以GDP为基本指标，所以，地方政府几乎一股脑儿地都在抓经济工作，有关民生的管理工作显然很不充分。由于长期的经济发展，使得地方政府首推经济工作成为基本惯性。

在地名管理方面，个别地名命名、更名比较随意。如"万达广场""时代广场"，其实它并不是广场，而是一个实体的商业场所，这就非常容易和交通中使用的广场相混淆。另外，社会各界对地名管理也十分陌生，有关地名管理的法律法规和具体的操作程序，舆论宣传明显不到位。地名工作的地位、作用、功能本身就不明显，因此社会公众对地名管理的程序几乎并不知情。

（二）经济原因

经济方面的原因主要表现在两个方面：我们发现，对地名管理的重视度与地方经济发展水平呈正相关关系，一般而言，经济越发达的城市，对地名管理的重视程度越高，而那些经济发展比较滞后的城市对地名管理的重视程度也低。经济发达的城市，在地名管理工作中舍得投入大量的人力、物力和财力。

地名建设的档次和要求也高。而那些经济落后的城市政府，多数觉得地名工作可有可无，无关紧要，抓好经济才是硬道理，有的甚至认为那仅仅是地名主管机构自己的事情，存在着"事不关己"的思想。

（三）管理缺失

依法行政是依法治国基本方略的重要内容，是中国特色社会主义市场经济体制下的政府活动的必然要求。地名管理的法律法规已经具备了，但是在依法管理地名的过程中，法律的实施往往会打折扣。比如现在的许多工业园区，有些是在某一行政区域内的，有些还是跨多个行政区域的，尽管这些园区都有相当级别的行政管理机构，但并不是行政区域，这些机构往往没有按照国家标准使用行政区划代码，给按照行政区划进行的经济管理、人口社会管理带来诸多不便。

二、政府管理职能碎片化

地名底数不清是个现实问题，在其他地方也存在。从客观上来讲，一是地名数量和种类的增加超乎预期。随着中国地名管理逐步展开，很多以前不规范的地名应该尽快进行整改和重新命名。在地名管理的初期，因为管理不到位，能够被认可的地名底数并不多，所以新中国成立后以及通过历次的政治运动，使得地名更替的频率很高。改革开放以后，地名管理的正规化要求提高，地名基数也越来越大。对于政府管理来说，面对这种爆发式的增长，显得有点应接不暇，无论是管理难度还是覆盖率都超过计划经济时代。

（一）政出多门

多数城市的地名管理的主体仍然是多头管理，也就是多部门协同管理，因此一定会出现职责不清的问题。地名标志，民政和公安部门都在管，路、街、巷的设置民政部门管理，而交通部门也在管。地名管理的碎片化、不集中，是地名管理中的一个根本性原因。

（二）内容的多元化与管理的复杂化

地名自身的特点决定，一个地名既有空间的位置，又有属性的含义，同时还承载着一定人文历史。在现代社会地名还承担许多社会功能，比方说地理属性、文化属性、空间属性、方位属性等。所以地名管理工作必须全面周到。另一方面也和行政区划调整有着密切的联系。新中国成立以来，武威行政区划经历了几次大的调整，区划面积最大的时候包括了今内蒙古阿拉善右旗、张掖、民乐、山丹、永昌以及现白银市的景泰县，这给地名管理带来了相当大的挑战。也就是在行政区划合并的过程中可能会出现管理的空白，前后衔接并不一定紧密。甘肃省的城市地名管理机构也经历了多次变迁，先是由公安部门主管，再转到计划委员会，也曾经转到城乡建设局，最后才回归民政部门主管，这样在主管部门的多次变化交接过程中大量的数据资料遗失。二是政府地名管理权力的分散使用。如果政府职能过于分散，加之沟通协调机制不畅，各种管理数据不能共享的情况下，就很难实现管理目标。

以城市道路命名为例，路网规划部门主要负责路网规划的调整、道路延伸以及改扩建等方面，信息不对称影响了命名质量和效果。再比如在住宅小区门牌编制中，由于与图纸审定部门沟通不畅，也没有将审定图纸的房屋号、房号与门牌编制规则相结合，则直接影响门牌号与房产证的一致性。再者从技术投入、时间投入、人员素质上存在着一定的问题。

（三）地名管理部门规模和质量的限制

地方政府中，民政部门的工作量十分巨大，地名管理仅仅是其中的一个不明显的方面，所以一般而言，专职主管地名工作的工作人员往往数量不足，面对巨量的地名管理工作，专职管理人员力不从心，尽管不断提高效率，但是仍无法满足社会发展的需要。人员不足，服务质量也就无从谈起。

（四）经费保障方面的原因

地名普查、地名摸底等工作都需要耗费大量的人力、物力和财力。近年来，地名管理经费虽然已经纳入了财政预算范围，但是由于地方财政困难，能够投入的财力十分有限，导致地名管理工作很难顺利展开。

三、命名审批难度大

在中国的地方政府管理体系中，专业地名的管理是十分分散的。一般都由各自的主管部门管理。包括片区地名管理、点式地名管理、线状地名管理、桥、章地名等多领域。片区包括自然保护区、世界遗产保护区、风景名胜区、公园、开发区、保税区、库区、林区、港区、军事区等，这些均属于片区。点、线状地名包括航空枢纽、火车汽车站点、地铁公交站点、城市供水场点、城市污水处理场点、桥梁涵洞、电站、通讯基站等。除此以外还有很多地名是分散在不同领域和行业的，如交通、电力、水利、旅游、建设、部队等，所以只能由这些部门自主管理主管。不仅如此，武威市还有大量的具有地名意义的单位类地名，包括企业、医院、学校、银行、政府部门等，这些地名的附属部门就更是难以胜数，并且是否具有地名意义没有统一的标准，很难界定。

四、地名审批制度与现实相冲突

地名审批制度是地名管理的重要内容之一，也是面临问题最多的管理环节之一，从工作实践分析，这些冲突主要来自三方面：

（一）规定申报主体的单一化

随着中国市场化改革的深入，政府职能已经发生了重大变化，政企分开，政府不再直接从事企业管理活动。管理部门通过职能改革，也不能参与投资开发，而是主要负责规划和监管工作。在这个前提下，使得多样化的市场主体进入城市建设开发领域，但是管理是分散的。现在大部分城市公共设施建设，包括保障房、廉租房等，也是由城市投资公司、基础建设投资公司，或某个指挥部、某个管委会等各类主体来实施的。可见地名申报主体的增多，源自市场经济体制下政府职能的转变，以及开发主体的多样化，这已经是不可逆转的发展趋势。

（二）地名延后审批与前置管理的矛盾

地名审批是地方政府的重要权力与职责。一般审批是在某事未做之前进行。政府在事前的哪个阶段介入是一个需要弄清楚的问题。这在很大程度上取决于设立审批事项的目的和前置管理的需求如何。城市地名是需要前置管理的。也就是在开发前就需要获得社会认同。如在正常使用前就应该取得标准的地名、详细地址，一直到门牌号。但是从目前适用的地名管理的相关法律、法规、条例中并没有明确规定申报主体的权利或者是限制。比如商品房的名称，许多是在交付时才到地名管理部门报批名称。前置管理上存在漏洞，就有可能造成地名管理上的困境，也会给开发商带来法律上的责任和经济上的损失。

（三）技术能力储备与申报名称多样化的冲突

地名在具备它该有的属性外，还要求地名反映历史和文化蕴涵。不仅要反映出投资企业的文化水准和管理水准，而且也要反映出现时代的基本特征，这对一般工作人员来说，要求显然是过高了。这些都是在建立地名审批制度时未想到的。中国的城市基本都缺少一个地名管理的相应咨询机构，以备管理者斟酌决策而用。

五、地名管理单一化

（一）地名管理方法单一

由于历史惯性的影响，地名管理还主要停留在地名审批环节，将地名管理看作是一个申报——审批——管理的模式。有人甚至认为这种管理实际上就是一种柜台式管理，没有认识到现代化的地名管理涵盖地理信息收集、分类、加工、生产、运用等诸环节，事实上，地名管理工作是要向前后延伸的，即向前的搜集信息、编辑整理工作，还要在地名命名后的管理与服务方面下功夫，给社会提供更好的公共产品。

（二）地名数据沿用卡片式纸质管理手段

信息化时代，利用现代科技手段，尤其是电子普及的时代，管理工作一定要与之匹配才能更好地提高效率。地名管理本身就包含了对大量地名信息的搜集、编辑和整理,条分缕析地分类归档。这不仅有助于提高地名管理部门的效率,也有利于对地名资料的安全保管。目前武威的地名资料封在档案室里没有很好地利用。究其原因,这些地名信息都是以纸质形式保存的,资料数据提取检索起来十分不便,如果仅仅作为地名研究倒无妨,但要用于现实的地名服务,效率就跟不上了,准确地说,无法利用这些地名信息进行即时的地名服务,也不能做到地名数据的即时更新。所以地名管理必须实行信息化。

六、地名文化保护受阻

(一)保护制度的缺失

多年来,武威城乡建设发展飞速,原有的地名管理制度逐渐显露出其局限性和滞后性,已不再适应现有的情况,现今地名管理工作的范围、内容、方法和手段都已发生巨大的变化,当遇到新问题时很难以普遍性的政策法规为依据来适用解决。

在地名规划方面,武威市在2022年印发的《武威市新型城镇化规划(2021—2035年)》中,提到了加强文化遗产保护力度,但如何保护地名文化并未涉及,可以说没有地名保护的具体实施方法,在实际操作中容易发生偏差。武威地名保护还缺乏有效的组织保障。保护和管理工作涉及了民政、城建、规划、文化等多个政府部门,虽然武威成立了地名管理工作联席会议办公室,涵盖了多个单位和部门,但是在实际操作中各部门还是缺乏信息交流和资源整合,各行其是,未能实施统筹管理,其功效也未能真正发挥。

(二)保护意识的淡薄

保护意识的淡薄分两个层面。一是政府的重视程度不够。改革开放以来,中国经济迅速发展,各级政府都把当地的经济发展放在首位,这是无可非议的事。但是城市的影响力和在国内外的地位并不只是由经济决定,还受到城市文化的影响。近年来武威虽然开始逐渐关注地名文化的保护,但相比城市建设的其他方面，政府的重视程度并不高。再者，在地名保护中，保护的并不仅仅是地名，更重要的地名所蕴含的文化和城市记忆，而如今呈现的却是舍本取末的景象。地名是保存下来了，但其背后的故事却鲜为人知。二是民众的保护意识淡薄。由于武威城市面积的增大和人口的增多，大量外来人口涌入，这些"新武威人"不了解老地名的由来以及背后的历史文化内涵。在全球化的背景和现代化的冲击下，老地名被很多人当成了古老、守旧的事物，成了需要被遗弃和更新的对象。正是这种保护意识的淡薄以及地名文化宣传层面上的缺失，对有形的地名和无形的历史文化造成了间接的破坏。

第九章

新时代加强武威地名文化建设的建议

第一节　加强武威地名文化建设的重要性

地名文化是人类文明发展不同时期经济、政治、文化的发展物质印记的历史反映，地名文化与传统文化既密不可分又各具特色，是中华优秀传统文化的重要代表。习近平总书记指出："我们要以更大的力度、更实的措施加快建设社会主义文化强国，培育和践行社会主义核心价值观，推动中华优秀传统文化创造性转化、创新性发展，让中华文明的影响力、凝聚力、感召力更加充分地展示出来。"

目前，武威市正在大力推进文化旅游名市建设，在这个契机下，研究武威的地名文化，挖掘武威地名文化价值，进行合理的开发与利用，既可以很好地保护武威地名文化遗产，又有助于武威城市形象的树立，还可以为文旅产业融合发展提供新的视角，对于助推武威经济、文化、社会的发展，有着深刻的理论意义和现实意义。

一、加强社会主义文化建设

加强地名文化的研究与保护，是我国积极参与国际地名标准化工作的需要。在联合国地名标准化会议有关保护地名文化遗产决议的推动下，研究和保护地名文化已成为世界文化遗产保护活动的重要组成部分，欧美许多国家早已行动起来并取得了一定成效。一个全球范围的地名文化遗产保护潮流已经掀起，且日渐高涨。我国作为地名文化大国和联合国地名专家组中国分部，必须迎头赶上，积极投入国际地名文化遗产保护活动中去，并尽快取得成效。

第一，把努力发展社会主义先进文化视为时代赋予党的重大战略课题。当今世界激烈的综合国力竞争，不仅包括科技、经济、政治、外交和军事实力的竞争，同时也是文化实力的竞争。要不断提高建设社会主义先进文化的能力，解放和发展文化生产力，增强我国文化的总体实力，提高国际影响力。地名文化遗产是中华民族的传统文化，必须将其融入社会主义先进文化建设的系统工程中去，全面展示中华民族的传统文化魅力以提高我国在世界文化领域的影响力和竞争力。

第二，积极应对世界多边文化的冲击，全面开展维护国家的文化主权和民族尊严的战略行动。在外来思想文化的冲击中，我们必须保护和发展中华民族文化的优秀传统，大力弘扬民族精神，积极吸收世界其他民族的优秀文化成果，坚持文化建设的与时俱进。地名作为一种文化形态，同样受到世界多边文化的冲击与影响，目前，在我国城市地名的命名中出现了盲目崇洋和照搬外国文化模式的倾向。对于当前我国城市地名命名中出现的种种不健康的文化倾向，地名主管部门和研究机构必须从党和国家前途命运的政治高度出发，增强责任意识、忧患意识、导向意识、阵地意识，通过实施"中国地名文化遗产保护工程"，大力传承中华传统地名文化，用民族的、科学的、大众的社会主义先进文化理念，引导地名命名、更名活动，指导城市地名规划工作，在地名标准化工作中从容地应对世界多边思想文化的冲击，坚定地维护国家文化主权和民族尊严。

第三，发展文化产业，积极推动地方经济社会的健康发展。全面建成小康社会，推动社会主义文化的发展繁荣，必须积极发展文化事业和文化产业。积极发展文化产业，是经济增长模式转变的客观需要。文化的经济化和经济的文化化是当今世界经济发展的新特点。随着经济全球化的深入发展，文化产业在世界经济中的比重将日益增大，文化产业对经济的推动作用将会日益突出，文化产业将逐渐取代传统产业而成为新的战略性主导产业。地名文化是一定社会的经济和政治观念在意识形态上的反映，同时又对经济和政治具有反作用。大力弘扬、传播中华传统地名文化，并与有关的文化中介、产业机构合作，将多种地名文化传播媒体转化为地名文化产品并推向市场，形成地名文化产业，使之成为我国文化产业中的一支重要的产业链。

第四，开拓研究领域，推进相关学科发展。地名学是一门新兴学科，多年来随着地名标准化工作的深入发展，地名学逐步走向成熟并取得丰硕成果。随着科学技术的飞速发展，省市地名学应不断开拓研究领域，创新研究理念，进一步完善学科体系，为地名标准化事业提供理论支持。

二、推动地名标准化事业发展

地名不仅是具有指位功能的文字符号，更是沉淀和承载了思想情感、价值观念、历史故事的一种文化。无论是个人籍贯、还是安身立命之地，直接关联的是哪个市县区、哪个乡镇街、哪个聚居点、哪条街路巷，缕缕乡愁都散落在一串串地名之上。地名是历史文化遗产的重要组成部分，也与我们现实生活息息相关。有了地名，我们才不会迷路；有了地名，我们的思乡之情才变得具体，乡愁才有了支撑和归属。地名固有的特点和属性，决定了地名文化的重要地位和作用，也彰显了地名文化建设的持续性、艰巨性和复杂性，客观上要求推动地名标准化建设要往深里走、往实里走、往心里走。

坚持以人民为中心的发展思想。地名文化建设要牢固树立人民主体地位，坚持以人民为中心的发展思想，积极动员、广泛宣传，争取广大人民群众参与地名文化建设和地名管理服务各项活动。在地名命名更名中广泛征求社会各界和地方群众的意见，努力让人民群众满意、让地名留住乡愁。地名标志设置要符合地方实际，做到既方便群众又节约公共资源。开展不规范地名清理整治和标准化处理，相关部门服务要及时跟进。开展地名管理服务活动，必须始终把人民群众的接受度和满意度放在首要位置。

加强地名文化遗产保护。按照顶层设计与分类指导相结合的原则，制定地名文化遗产保护标准规范，分类编制地名文化遗产保护规划，推进各级各类地名文化遗产保护。各地要结合体制改革与城乡建设实际，对撤并乡村和城市建设中丢失的地名建档立卡，加强保护或适时复活。

清理整治现有不规范地名。加大对现有不规范地名的排查力度，对居民区、大型建筑物和道路、街巷等地名中存在的"大、洋、怪、重"等不规范地名进行规范化、标准化处理。

加强新生地名文化建设。科学编制地名规划，从源头规范地名命名更名管理，在继承优秀传统地名文化的基础上，提升新生地名的文化内涵，推进地名文化创新发展。完善非行政区划名称变更的规范和程序，着力解决地名管理中体制机制不顺问题，有效遏制产生和使用新的不规范地名。充分汲取中华优秀传统文化养分，多起能够反映社会主义核心价值观、反映人民群众美好向往与期盼、具有丰富文化内涵的新地名和好地名，彰显正确价值取向和鲜明时代精神。

完善地名公共服务体系。各级地名主管部门要依托区划地名数据库，构建完善部门间地名信息共享机制，为社会各界和广大群众提供丰富的地名信息服务。

加大标准地名审核发布力度，为社会提供准确的标准地名信息，努力推进地名标准化。积极开展地名标志设置、地名规划编制、地名图录典志编纂等工作，不断提升地名公共服务质量和水平。积极搭建地名文化活动平台，开展群众喜闻乐见的地名文化活动，为群众提供丰富多彩的地名文化服务。

推动地名文化产品开发。以地名图书编纂为突破口，开展地名网站、电话查询、地名触摸屏等地名信息化服务，拍摄制作地名文化专题片等影视音像作品，提供形式多样、内容丰富、适合群众需要的地名文化产品。开发富有特色的出版物、音像制品、导航查询软件、专题会展、主题公园、节庆活动、主题旅游产品等地名文化及其衍生产品，逐步壮大地名文化产业规模。利用数字化、信息化、网络化等现代技术，发展文化创意、移动媒体、电子读物、动漫游戏等新兴地名文化业态。

打造地名文化人才队伍。坚持地名文化建设与人才队伍建设同步推进，在工作实践中培训人员、提升素质。充分发挥社会组织作用，创建地名文化学会或研究会，凝聚社会相关方面专家学者力量共同参与地名文化建设。联合有关大专院校开展研究与合作，为地名文化建设提供强力支撑。发挥民间地名爱好者的作用，巩固地名文化建设的群众基础和社会基础，共同推进地名文化建设走深、走实、走心。

三、促进地名文化深入研究

加大地名文化研究力度，综合运用多种技术手段、研究方法，促进地名文化研究向多学科发展，打造地名文化研究高地。

跨学科交叉。地名文化研究涉及到地理、历史、语言、文化等多个领域，跨学科交叉是地名文化研究的一大特点。地名文化研究不仅需要考虑地理位置、生态环境等自然因素，还需要考虑人文因素，如历史事件、文化遗产，因此需要多学科交叉融合。

大数据分析。随着数字化技术的发展，地名文化研究可以利用大数据分析方法，通过海量地名数据挖掘地名的含义、来源和演变规律，以及地名与地理环境、历史文化等方面的关系，为地理信息系统提供更加准确的基础信息。

社会化研究。地名文化研究可以借助社交媒体、众包等方式，实现地名数据的共享、协作和众筹，促进地名信息的收集和整理。此外，社会化研究可以鼓励公众参与地名文化保护和传承，提高社会对地名文化的认知度和价值认同。

国际化视野。地名文化研究在国际化视野下可以与其他国家的地名研究进行比较、交流和合作，建立跨国、跨文化的地名研究网络，共同探索不同国家和地区地名文化的异同和共性。同时，跨国比较也可以帮助我们更好地认识中国地名文化在全球范围内的地位和特色。

而地名文化研究的方法可以分为以下几种：

历史文献研究法。通过查阅历史文献，收集、整理地名文化的历史资料，了解地名的形成、演变、文化内涵，从而推断出地名文化的意义及地名命名方法。

田野调查法。通过实地，与当地居民沟通交流，了解当地自然环境、人文历史、社会风俗、语言情况，从而探究地名的来源和地名文化意义。

语言学研究法。通过对地名所使用的语言进行语言学研究，分析语音、语态、词义等方面的特点，揭示其命名规律。

文化人类学研究法。将地名命名方法视为一种文化现象进行研究，探究其文化背景、社会历史和文化表达方式方面的内容。

综合分析法。基于以上各种方法和途径，综合整理和分析地名的命名方法，以期实现对地名文化更为全面和深刻的认识。

第二节　加强武威地名文化保护的总体思路

一、深刻认识加强武威地名文化建设的意义

文化是民族的血脉，是人民的精神家园。地名作为一种社会文化形态和文化载体，记录着人类社会发展的历程、民族的变迁与融合、人们生活环境的发展变化，是重要的民族文化遗产。我国地名文化内涵丰富，源远流长，是中华民族文化的重要组成部分，在社会主义文化建设中具有重要地位和作用。

武威历史悠久、幅员辽阔，人们在长期的实践活动中创造了大量丰富多彩的地名文化遗产。这些地名文化遗产记录了五千年文明的历史进程，蕴含着中华民族特有的精神价值和思维方式，是中华文化的重要组成部分，是宝贵的具有重要传承价值的文化资源。加强地名文化遗产保护，对于满足人民群众精神文化需求、培育社会主义核心价值观、弘扬中华传统文化、增强文化自信和中华民族凝聚力具有重要意义。

（一）加强地名文化建设，是落实习近平总书记系列重要讲话的迫切要求

习近平总书记对传承发展中华优秀传统文化所作一系列重要论述，鲜明提出了坚定文化自信的基本要求，深刻揭示了中华优秀传统文化的地位作用，集中阐明了我们党对待传统文化的鲜明立场，充分反映了我们党高度的文化自觉、坚定的文化自信和强烈的文化担当。2017 年，中共中央办公厅、国务院办公厅印发了《关于实施中华优秀传统文化传承发展工程的意见》（以下简称《意见》）。《意见》以习近平总书记重要讲话精神为指导，明确了传承发展中华优秀传统文化的总体要求、方针原则、重点任务和保障措施，其中特别提出要"推进地名文化遗产保护"。我们应遵循中央下发的《意见》安排部署，深入推进地名文化建设，以地名为载体彰显中华文化精神，传承中华精神基因，共建

民族精神家园。

（二）加强地名文化建设，是传承弘扬中华优秀传统文化的重要内容

地名文化是中华优秀传统文化的重要组成部分。我国地名文化资源浩如烟海、内涵丰富、底蕴深厚。中华优秀传统文化的思想理念、传统美德、人文精神，在地名中均有蕴含和体现。比如，"洛阳、江阴"等地名体现天地自然、阴阳相生的辩证法思想，"六尺巷、仁和庄"等地名彰显着和谐礼让的传统美德，"崇礼、尚义"体现的是崇德向善的优良品格，"和顺、大同"等地名体现了"尚和合、求大同"的社会追求。可以说，地名中处处闪耀着中华优秀传统文化的光辉。地名中蕴涵着中华民族的"根"与"魂"，彰显着中华儿女的"情"和"梦"，是宝贵的文化遗产和精神财富。我们要树立正确的文化理念，有效保护地名文化遗产，提高新生地名文化品位，传承发展优秀传统地名文化，延续中华民族特有的文化基因，建设中国特色地名文化。

（三）加强地名文化建设，是提高国家治理水平的现实需要

地名是国家主权的象征、空间指位的符号，在国家治理中具有重要支撑作用。维护国家主权和权益、推进社会治理创新等工作离不开标准化的地名信息。2012年，民政部联合国家海洋局（今中华人民共和国自然资源部）公布了钓鱼岛及其部分附属岛屿名称；2017年、2021年、2023年民政部分三批增补了西藏南部地区公开使用地名，有力维护了我国的国家主权统一和领土完整。近年来，尽管我国地名管理服务水平不断提高，但随着新型城镇化、信息化的快速发展，我国城乡面貌发生巨大变化，每年都有数以万计的新地名产生，同时也有许多老地名不断消亡，地名管理措施相对滞后、地名服务能力较弱、地名文化保护不足等问题还比较突出，影响了国家治理体系建设和治理能力的提高。国务院于2014年至2018年开展的第二次全国地名普查，详细调查了地名文化资源，清理整治了不规范地名，加快推进了地名标准化进程，促进了国家治理体系和治理能力现代化。

（四）加强地名文化建设，是满足人民群众生产生活需求的迫切需要

地名是基础社会公共信息，与人们日常生活息息相关。任何组织和个人都要经常使用地名，都离不开地名。当前，一些地方有地无名、一地多名、地名重名，洋地名、怪地名的问题还比较突出，不仅给群众出行带来诸多不便，并且引起了百姓的广泛关注和不满。特别是随着时代发展，人民群众对地名服务的需求已超越了指向、定位等基本服务，渴望地名服务内容与形式更加丰富多彩，期盼地名能够更好地寄托乡情乡愁、承载认同感和归属感。我们要准确把握新时期社会各界对地名服务的新要求，进一步加强地名管理和文化建设，为广大群众提供标准规范的地名信息，为社会交流交往创造便利条件，使地名工作更好地服务经济社会发展和人民群众生活。

（五）加强地名文化建设，是推进地名事业全面可持续发展的内在要求

地名事业的健康发展离不开地名文化的渗透与滋养。只有充满文化气息和文化力量，地名事业才能更富有生机和活力。加强地名文化建设，有利于提升地名命名更名的文化理念和品位，保持地名的稳定性，更好地实现地名标准化；有利于提高地名公共服务的文化含量，丰富地名服务内容；有利于营造全社会关心地名、支持地名事业发展的良好氛围，扩大地名工作的群众基础，增强地名事业发展的全面性、协调性和可持续性。

二、加强武威地名文化保护的基本思路

加强地名文化保护，推进地名文化建设，要高举中国特色社会主义伟大旗帜，全面贯彻党的二十大精神，深入贯彻落实习近平总书记对甘肃重要讲话和指示精神，坚持以习近平新时代中国特色社会主义思想为指导，统筹推进"五位一体"总体布局，协调推进"四个全面"战略布局，立足新发展阶段，贯彻新发展理念，构建新发展格局，紧紧围绕实现中华民族伟大复兴的中国梦，坚持社会主义先进文化前进方向，坚持以社会主义核心价值观为引领，以保护与发展、传承与创新、传播与交流为主线，以满足人民群众地名文化需求为出发

点和落脚点，积极推动地名文化发展繁荣，充分发挥地名文化在社会主义文化建设中的重要作用。

（一）把握正确原则

地名文化建设工作涉及面广，情况复杂，社会关注度高。要着重把握四项原则。一是坚持围绕中心，服务大局。围绕服务党和国家中心工作，把地名文化建设融入社会主义文化大发展大繁荣大局之中，发挥先进文化对地名管理、服务、科研等工作的引领和推动作用，提高地名文化服务水平。二是坚持以人为本，广泛参与。牢固树立以人民为中心的工作导向，突出地名文化公益属性，满足人民群众对地名文化的需求。加强合作共建，广泛动员社会各界力量，鼓励引导企事业单位以及热心于地名文化的各界人士积极参与地名文化建设，形成地名文化建设合力。三是坚持立足保护，继承创新。要遵循地名命名和演化规律，坚持保护为主，坚决防止乱改地名，决不能让大量地名文化遗产无端消失。坚持继承传统与创新发展相统一，继承和发扬优秀传统地名文化，不断丰富地名文化内涵和外延，拓展地名文化建设的途径和方法，保持民族性、体现时代性，在继承中创新，在创新中发展。四是坚持因地制宜，突出特色。要紧密结合各地的实际情况，充分挖掘利用各类地名文化资源，开展多层次、多样化的地名文化建设，体现地方特色，建设特色鲜明、丰富多彩的地名文化。

（二）突出工作重点

地名文化工作包括资源调查、遗产保护、理论研究、产品开发等多方面内容，这些内容互相渗透，互相影响，是有机统一的。要整体筹划，突出重点，有序推进，应重点抓好三方面工作。一是开展地名文化资源调查。结合第二次全国地名普查发现的问题，开展地名文化资源调查，通过实地调查、资料考证、座谈论证等多种方法，全面查清本地区地名文化资源情况，详细收集地名的拼写、读音、位置以及历史沿革、来历含义等文化属性信息，系统掌握地名文化遗产资源数量、分布、现状和存在问题，深入挖掘、系统整理、综合利用地名文化遗产调查资料，建立地名文化资源信息系统。二是强化地名文化遗产保护。要在全面调查、科学论证的基础上，结合地名规划编制和修订工作，制定地名文化遗产保护规划，明确保护范围和重点，确定长远保护目标和阶段性工作任务，提出保护要求与措施。分级分类分批开展古城（都）、古县、古镇、古村落、古街巷地名以及甲骨文（金文）地名、少数民族语地名、著名山川地名、近现代重要地名等重点地名文化遗产认定工作。三是清理整治不规范地名。要以《中华人民共和国国家通用语言文字法》《地名管理条例》等法律法规为依据，清理整治地名中存在的"大、洋、怪、重"不规范地名以及随意更名等不规范现象，加强对地名使用情况的监督检查，及时纠正在公共标识、公共媒体、公开出版物、文书票证等方面使用不规范地名、使用不规范汉字书写地名、使用外文拼写地名等违反法规标准的行为，进一步规范地名命名、更名、发布和使用，提升地名法治化、科学化、标准化水平，营造规范有序的地名环境，使地名更好地体现和彰显社会主义核心价值观。

（三）健全长效机制

要坚持标本兼治，在解决当前突出问题的同时，着力形成地名文化保护的长效机制。一是要深化理论研究。要进一步加强地名文化理论研究，充分发挥研究机构的作用，积极调动社会力量，广泛开展地名文化资源的调查、挖掘、整理和研究工作。要针对地名文化工作中出现的新情况、新问题开展专题研究，在解决实际问题中不断总结经验，进一步将实践经验上升到理论层面，更好地指导地名文化建设。二是要完善制度规范。要加快修订出台《武威地名管理条例》，进一步健全地名法规标准，强化地名规划编制和落实，规范各项地名管理措施，建立地名命名、更名、注销和使用管理的长效机制，防止随意命名更名，从源头上遏制新的不规范地名产生。三是要优化管理体制。把推进工作与优化地名管理体制相结合，创新地名管理方式，提高地名服务效能，进一步明晰部门职责，理顺工作关系，强化协调配合，形成齐抓共管的局面。要加强日常监督，把政府监督与社会监督相结合，充分发挥政府、社会、公众的监督作用，及时发现和纠正不规范地名现象。四是要加强队伍建设。要加强地名文化教育培训工作，支持培养地名文化人才，打造富有特色、充满活力的地名文化人才队伍。同时，要积极发挥高等院校、科研机构、社会组织以及地名爱好者等社会力量在活跃地名文化方面的作用，巩固和壮大地名文化发展的社会力量。

三、武威地名文化保护的重点方向

做好地名文化遗产保护工作。全面开展地名文化遗产保护工作。制定地名文化遗产保护规划，完善地名文化遗产保护有关标准规范，分期分批开展各类地名文化遗产保护，重点做好古城（都）、古县、古镇、古村落、少数民族语地名、著名山川地名、近现代重要地名文化遗产的认定和保护工作。

加强新生地名文化建设。编制实施地名规划，加强地名命名更名管理，完善地名命名更名制度，处理好地名保护与命名更名的关系，在继承优秀传统地名文化的基础上，提升新生地名的文化内涵，推进地名文化创新发展。

深化地名文化研究。加强地名基础理论研究，深入探索和把握地名文化建设规律，研究地名文化内涵和特征。广泛开展地名文化资源的调查、挖掘、整理和研究工作。有计划、有组织地开展地名文化专题调查研究，充分发挥科研机构、行业协会等有关单位的优势和力量，力争推出一批有价值的研究成果。树立理论指导实践、服务实践的理念，将理论研究与业务工作相结合，为地名文化发展提供理论支持和方法指导。

开发地名文化产品。积极编制地名图、录、典、志等各类地名图书，开发一批富有文化内涵、具有地方特色的地名文化专题片等影视音像作品，提供形式多样、内容丰富、适合群众需要的地名文化产品。

开展丰富多彩的地名文化活动。积极搭建文化活动平台，不断丰富文化活动载体，开展形式生动活泼、群众喜闻乐见的文化活动，如地名文化展览、地名文化征文、优秀地名认定等，为群众提供丰富多彩的地名文化服务。

推动地名文化产业发展。坚持社会效益与经济效益相统一，挖掘整合地名文化资源，打造地名文化品牌，重点建设一批地名文化产业项目，开发富有特色的出版物、音像制品、导航查询软件、专题会展、主题公园、节庆活动、主题旅游产品等地名文化及其衍生产品，逐步壮大地名文化产业规模。利用数字化、信息化、网络化等现代技术，发展文化创意、移动媒体、电子读物、动漫游戏等新兴地名文化业态。

加强地名文化人才队伍建设。开展大规模的干部培训工作，鼓励和支持干部提高素质，培养地名文化人才，打造一支富有特色、充满活力的地名文化人才队伍。采取有效措施，树立和宣传地名文化建设的先进典型，充分发挥先进典型的示范和引领作用。发挥民间地名爱好者在活跃地名文化方面的作用，巩固和发展地名文化的群众基础。

加强地名文化对外交流与合作。推进地名国际标准化建设，规范地名罗马字母拼写，制作一批高质量中国地名文化宣传外文读本和音像制品，促进地名文化海外传播和交流。加强与联合国地名组织、教科文组织和国外相关组织的交流与合作，学习借鉴国际地名文化研究学术成果和实践经验，主动展示我国地名文化发展，增强中华文化的影响力、认同感。

第三节　持续加强武威地名文化建设的举措

一、加强地名文化保护，深化地名文化建设

处理好"一"与"多"的关系，坚决坚持马克思主义的指导地位。马克思主义是在近现代社会化大生产、人类社会全球大视野条件下产生的理论，是迄今为止最科学、最严谨、最有生命力的思想体系。坚持马克思主义指导地位，是历史的选择、人民的选择、文化的选择。当前社会思想中存在着以西方思想文化为代表的外来文化、以儒家思想为代表的传统文化等多种思想文化交织并存的情况，反映在地名文化中，就是一些地名命名、更名存在盲目崇洋媚外等倾向，产生了大量"洋地名、怪地名"。对此，我们必须毫不动摇地坚持马克思主义指导地位，毫不动摇地发挥社会主义核心价值观的引导作用，把马克思主义与中国优秀传统文化相结合，既推动马克思主义在吸纳中华优秀传统文化精髓中创新发展，也为中华优秀传统文化增添新的科学元素，在地名中更好地彰显和弘扬社会主义核心价值观，弘扬正能量。

处理好"守"与"变"的关系，推动地名文化保护传承与创新发展有机结合。要按照"创造性转化、创新性发展"的基本方针，在保护传承优秀传统地名文化的同时，推进地名文化创新发展。一方面，要在推进地名标准化的过程中加强地名传统文化的保护传承，做好地名文化遗产保护工作。对历史悠久的老地名，绝不能轻易改掉。另一方面，在有效保护的基础上，要本着既坚持传承优秀传统文化又积极汲取国内外先进文化的原则，深入挖掘符合时代发展要求的文化内容，提高新生地名的文化含量和文化品位，促进地名文化创新发展。

处理好"中"与"外"的关系，推动地名文化的中国特色与国际标准相融

合。推进地名文化建设，一方面要传承弘扬中华优秀传统文化，形成特色地名文化；另一方面要推进地名国际标准化，更好地服务国际交流交往。要进一步加强与省内外地名协会、研究会等的交流与合作，学习借鉴其他地方地名文化研究学术成果和实践经验，主动展示武威地名文化发展，增强中华文化的影响力、认同感。

处理"公"与"私"的关系，坚持把社会效益放在首位。"私"与"公"的关系是个人与社会公共的关系，是个人（局部）的经济效益与整体的社会效益的关系。地名作为一种公共产品，具有很强的公益属性，发展地名文化必须把社会效益放在首位。地名命名更名绝不能为了个人、集体一时的经济利益而损害社会公共利益。要在保证社会效益的前提下，适应社会主义市场经济规律，加快发展地名文化产业，提高地名文化服务能力，努力做到两个效益的有机统一，实现社会效益和经济效益双促进、双丰收。

二、加大地名文化开发研究保护力度

（一）建设地名文化保护法规

在前面的论述中我们说到，武威市地名文化保护法规的建设已严重滞后于地名的发展，新一轮的地名法规建设迫在眉睫。国务院 2021 年 9 月 1 日修订通过、2022 年 5 月 1 日施行的《地名管理条例》明确提出："具有重要历史文化价值、体现中华历史文脉的地名，一般不得更名。"在当前老地名受到严重破坏的背景下，武威应根据当地的地名现状，及时出台针对地名文化保护的条例和法规，添加老地名的保护条款，并对地名的保护原则、惩罚制度、文化研究、宣传措施以及社会监督等各项作出明确的规定。将地名文化纳入法律保护的范畴之中，用法律为地名保驾护航，才能使地名文化保护有法可依，保证地名文化的传承。

（二）对地名进行调查评估

城市中的街巷、弄堂等地名繁多。在保护地名文化之前，需要了解很多问题，比如它们之中哪些属于老地名、产生于何时、有怎样的来龙去脉和演变沿革、现今是否还存在等，弄清这些之后，才能根据各个地名的文化价值，分轻重缓急进行保护。因此，地名管理部门和从事地名研究的专家学者有必要对城市现有地名中的老地名和已经消失的老地名进行调查摸底、逐条梳理，建立地名数据库。在此基础上，对地名文化进行综合评估，评价估测出各类地名文化遗产的存量与分布、形成背景与年代、地名文化含量与特征、保护与利用价值等，以此为依据，确定地名保护的先后顺序，对富有文化内涵的地名进行重点保护。

（三）谨慎撤销、更改老地名

武威的老地名中有很多是清代、民国时期留存下来的，甚至有些在唐宋时期就已存在了，这些地名大都反映特定历史时期的自然、文化特征和城市风貌，对考证武威的历史变迁有相当重要的意义。因此在城市建设中，对有历史意义的地名应特别注意保护，一般情况下不要轻易撤销和更改。在考虑为新建的道路取名时尽量多地保留一些老地名，使这座城市的历史变迁有迹可循。若是在旧城改造中确实需要对老地名进行调整和变更，应当广泛征求当地群众以及地名专家的意见，必要时可召开老地名更名征求意见的座谈会，谨慎行之，确保不让任何一个有价值的老地名随意消失。

（四）重新启用已消失的地名

在时代变迁和社会发展的历史长河中，许多富有文化底蕴、内涵丰富和历史典故的老地名在不经意间逝去，令人叹息不已。因为这些老地名往往是一座城市的写照和缩影，往往别具一格、独树一帜。如果将已经消失的部分老地名重新启用或者移植派生到新建的某些地理实体上，就会再现那段消失的记忆，使得老地名及其蕴含的历史文化内涵以另一种形式保留下去。在这方面武威已有先例，如皇亲巷、天赐里等一些小巷已不存在了，但在这些地块上，分别矗立起了名为皇亲苑、天赐苑的住宅小区，人们在记住了这些名称的同时，也会想起这里曾经有一条小巷，产生过一段故事，地名文化也就得到了传承；"众安桥"仅作为口头上的地名，如今在该区片中出现了以"众安大厦"为名的大楼；丰乐桥、八字桥、松木场等变成了公交车站的站名。比起口头传承，"名正言顺"的地名更能够使古老的名字免于失传。

（五）开发老地名的旅游价值

城市建设和地名保护似乎是一对矛盾，但如果处理得当完全可以共同发展。近年来旅游业的发展就可以作为一个调和剂，若是能够合理、科学地开发老地名的旅游价值，不仅可以获得经济效益，也能使老地名连同它的文化内涵一起得到保留。由旅游带来的政府财政收入又可以为地名文化保护工作提供资金，最终促进城市建设和地名文化保护的和谐发展。在富有特色地名文化的片区开发旅游，还可以展现城市深厚的历史，给老地名注入新的活力，使其价值得以利用。武威市政府在这方面已经做了一些工作，例如"汉唐天马城"景区在铜奔马的出土地拔地而起，传承历史，独树一帜，成为这座城市的新地标。"汉唐天马城"景区以"汉文化""天马文化""诗词文化"作为主要文化元素，聚焦全国文旅新视野，充分借助新媒体与传统媒体融合优势，将景区"五大体验馆""《天马行》舞台剧""特色商业街区""特色酒店""水舞灯光秀""园林景观"及"吃、住、行、游、购、娱"打造为一体的城市旅游、休闲度假、沉浸式体验的城市旅游中央广场。依托天马汉城景区特色业态优势，通过拓宽媒体宣传资源和渠道，提升景区宣传影响力，让天马汉城景区火爆"出圈"。这种做法不仅重新启用了老地名，开发了其旅游价值，更是向国内外游客展示了武威作为国际旅游城市的历史文化底蕴。在今后的地名文化保护中，可以以此为示范，在保护老地名的同时，发挥它的价值为经济发展服务，让地名保护不再成为城市建设者头疼的问题。

（六）开展地名文化传播活动

近二三十年来老地名的大量消失，除了与城市化的迅速发展有关，还有很重要的一个原因是公众，特别是新一代的年轻人对地名文化所知甚少，缺乏最基本的保护意识。因此，武威市政府部门应该向公众广泛宣传保护老地名的意义，通过报纸、电视、网站等媒体宣传或开展地名文化展览等方式，开展一系列的地名文化传播活动，以此扩大老地名的影响力和知名度，提高公众对地名文化的认知。2008年济南的地名文化展是一个很好的例子，武威可以以此为借鉴，集中展示武威地名的历史文化变迁，普及全社会的地名文化知识。

（七）发动公众参与地名保护

地名归根结底是为公众所使用的，在其对地名文化的保护意识提高后，若是能主动参与地名保护，规范化使用地名，杭州的地名文化保护将不再只是地名管理部门的职责，而是全社会心之所系，地名工作也将进展得顺利很多。当然，就目前而言公众的保护意识还不够，在这种情况下政府部门就应该积极地引导社会的参与，开展一些发动群众积极性的活动，比如开展地名评选、征集地名保护意见等。在今后的地名保护工作中，建议进一步发动公众的参与，凝聚群众的力量，营造良好的保护氛围，使地名文化保护成为全社会的普遍意识和共同目标。

三、把地名文化建设融入地名标准化工作中

（一）地名文化的传承与保护要以规范为基础

加强地名普查力度，规范地名译写。地名普查是地名文化传承与保护的前提和基础。为了让地名文化得到全面保护，应加强对武威地名的全面普查力度，详尽地掌握地名资源的存量，摸清地名的历史和现状。尤其是少数民族地名的书写、语别和含义较为复杂，在地名的普查保护工作上更应投入更多的精力，避免地名的错译造成地名文化的丢失。在地名文化的保护工作中得确保传承与保护的对象的准确性，从源头上杜绝地名的讹传。2014年，武威市分别做了两次地名普查，对武威市境内各类地名的称谓、书写、语别、含义、来历、沿革、位置等诸多问题进行了调查考证，对辖区内一地多名、一名多写、音译不准等状况做了规范化处理。时隔10年，武威市城市的快速发展，产生了一些新地名，对不合适的老地名也做了更改，因此，对武威市进行新一轮地

名普查是有必要的。

及时出版、更新地名资料。地名资料是地名文化传承的一个重要媒介，在全面普查的基础上，还应及时地出版或更新地名录、地名图志等地名资料。地名的内容丰富多彩，将标准化地名编辑成地名录、地名图志供各行各业学习使用，也方便查找。《武威市标准地名录》是武威市有史以来第一部图文并茂的地名典籍，是在 2014 年地名普查的基础上，对武威市各类地名的称谓、书写、语别、含义、沿革等问题进行考证后编纂的，共收录各类地名 8270 条，是可靠的地名资料。这部地名录出版于 2014 年，距今已有 10 年之久，而在这期间武威市的地名进行了多次的更改和调整，再加上近些年经济社会的快速发展，又产生了许多新地名，而地名图志里所记载的依然是更改前的地名，在地名文化的传播上产生了滞后性，所以亟待收集出版一套新的武威市地名图志。

（二）地名文化的传承与保护要以宣传为手段

为了让全社会了解地名背后蕴含的文化信息，以及保护地名文化的深远意义，地名管理工作者应主动让人们认识了解地名，从而唤起市民对城市的喜爱，加强对地名文化保护的自觉性。武威市地名管理部门可以做如下尝试：

通过举办地名文化论坛、讲座和摄影展等活动，为武威地名文化的传播创建一个平台，向人们展示武威市城市的发展和历史文化的变迁，向全民普及地名知识和保护地名文化的重要性，使公众更多地了解武威市地名文化的丰富内涵，调动人们的主动性和积极性，促使社会力量参与到地名文化的传承与保护中来，从而达到地名文化传播的目的。

构筑网络，搭建技术平台，建立一套宣传教育与检索功能于一体的地名文化保护工作网络，使地名文化资源被人民大众所共享。

通过新闻媒体开设专题、专栏或者制作纪录片的方式，宣传武威市地名文化，尤其对具有历史意义的地名和具有民族文化内涵的地名要重点向大众宣传，借此加强对民族文化的了解，促进民族和谐团结，形成保护地名文化遗产的良好氛围。

制作方便携带的武威市地名小手册,发放给居民,一来作为地名查找的工具,二来使大家对武威市的地名文化有更进一步的了解。

借旅游宣传武威市地名文化。旅游作为文化传承的一种媒介,吸引人们聚集在一起,共同接受文化的传播,而传播的这些文化都是经深度挖掘总结后的文化精华,更能体现一个城市的文化特色。

四、地名文化的传承与保护要以法律为保障

近期,地名文化的保护工作已经得到了相关地名管理部门的重视。从2004 年国家制定相关地名文化遗产保护标准开始,各地也加强了对地方文化的保护。2013 年 6 月 8 日,中国地名文化遗产保护促进会在北京成立,为加强我国地名文化的传承与保护工作起到了带头作用。此外,地名文化的保护工作也不能没有硬性条款作为保障,制定颁发立法性的地名管理条例,使地名管理工作有章可循,有法可依。依据《地名管理条例实施细则》的有关法律法规,结合武威市多民族、多文化的实际情况,制定地名保护的地方性法规有其重大意义。尤其是具有历史价值和民族文化的老地名要重点保护,对地名的更改要通过严格的申报和批准程序,从法律上禁止地名的随意更改,以达到保护多民族地名文化的目的。

五、大力提高地名文化的社会认知度

由于对地名文化的研究与建设,在地名学研究工作中是一个新课题,所以,社会各界乃至相关学科知之甚少。因此,加大对地名文化的宣传力度,逐步提高社会各界对地名文化的认知度,为地名文化建设与保护营造良好的社会环境,将是把地名文化建设不断引向深入的基础。通过地名图书传播地名文化知识。国家和各级地名主管部门,结合地名调研或地名普查,深入挖掘各类地名的文化内涵。以此为基础资料,组织编纂出版的地名词典、地名志、地名图书等工具书,着力充实每条地名的文化内涵。还可组织编纂出版各类古老地

名的地名文化专志，如《千年古县地名文化志》《中华古城（都）地名文化志》《中华古镇地名文化志》和《千年古村地名文化志》等地名文化丛书，全面系统地记述每条古老地名的文化内涵。通过各类地名图书，传播地名文化内涵、普及地名文化知识、揭示地名对历史的见证作用和对文化的载体功能，使社会各界从中认知地名文化之博大精深、地名文化是中华文化的重要组成部分以及加强地名文化建设的重要性。从而，积极地关注地名文化的传承，支持地名文化建设。

通过研讨会、论坛提高地名文化建设的影响力。武威市有关科研单位和各级地名主管部门通过举办地名文化研讨会、报告会和专题论坛活动，组织地名专家及专业人员并吸纳相关学科学者加盟，对地名文化的概念、内涵、结构、特征及学科性质和加强地名文化建设的意义等一系列基本问题进行深入研讨，使之提高对地名文化的认知，了解地名文化的学科地位，增强关注与参与地名文化建设的自觉性，为加强地名文化建设而组织生力军。设立地名文化课题，会同相关学科专家进行的一系列专题研究，都将大大提高地名文化建设的影响力。

通过多种媒体扩大地名文化宣传效应。运用影视媒体制作、播放地名文化专题节目，运用报刊媒体发表地名文化专论或人物专访，运用会展媒体展示地名文化内涵及地名文化建设成果，向社会各界广大群众传播地名文化，揭示地名文化对中华民族历史、中华文明的见证作用，从而扩大地名文化的宣传覆盖面，增强地名文化的感染力、亲和力，使之逐步深入人心，激发社会广大群众学习地名文化的积极性和关注支持地名文化建设的自觉性。

六、加强理论研究与人才建设

地名文化保护，在我国是一项刚刚起步的文化遗产保护事业，不仅应提高全社会的认知度，而且各级地名主管部门的认识也应不断深化，参与保护工作的人员应不断提高专业水平。加强理论与人才建设，是保障地名文化事业长足发展的两个重要支撑。

（一）加强地名文化的理论研究

虽然武威对地名文化进行了初步地理论研究，初步构建了学科体系；虽然在地名文化理论研究的基础上，对地名文化遗产进行了基础理论研究，初步厘清了理论认识。但在地名文化的保护工作实践中仍有许多未知问题需要回答和解决，地名文化和地名文化遗产的理论研究应拓展与深化。

要将地名文化放到中华传统文化和中国当代文化中进行宏观研究，进一步厘清地名文化形成发展的理论环境，在中华民族传统文化形成发展中的作用，和在社会主义先进文化建设中的价值。将武威地名文化遗产放到中华文化遗产大家庭中进行宏观的考量，进一步认识武威地名文化遗产的性质、特征与世代传承的历史文脉，以及在推进全国文化遗产保护事业中的作用和价值。不断加强和深化地名文化和地名文化遗产的理论研究，为武威地名文化遗产保护工程的实施注入生机与活力，将是武威地名文化遗产保护事业长足发展的灵魂。

（二）开展学术交流与合作

举办地名文化研究与保护的学术论坛，邀请国内和省内的地名专家来武威实地考察地名文化建设和地名文化遗产保护情况，交流理论研究成果和保护工作经验，洽谈地名文化遗产研究与保护的合作项目。必要时，派专家到一些在地名文化研究与保护活动卓有成效的省市去考察学习。通过多种形式的学术交流与合作，使武威的地名文化建设和地名文化遗产保护活动，视野更加开阔，理论研究与保护活动更加深入，地名文化建设和地名文化遗产保护水平更上一层楼。

（三）培养专职专业人才

各级地名主管部门虽然将地名文化的管理工作纳入工作议程，但无充足的专业人才。因此，应尽快理顺地名文化管理的工作体制，培养一支专职专业人才，为地名文化遗产保护事业长足发展提供人才保障。地名文化遗产管理，应参照地名管理工作，实行"统一归口，分级管理"的工作体制，即全市的地名文化遗产统一归地名主管部门管理，在省民政厅统一指导下，地方各级民政部门分别负责本辖域内地名文化遗产的管理工作。这里，"统一归口"是前提，"分级管理"是主体。为此，各级民政局应将地名文化遗产的管理与保护列为地名管理的一项职责，与地名管理工作同步实施。

市、县民政局应在地名管理工作人员中明确一名地名文化保护工作的专职人员。这样，全市地名主管部门便可从上到下形成一个完备的地名文化遗产管理工作体系。

有计划地组织培训各级地名文化专职工作人员。通过系统培训、以会代训、组织自学等多种形式，逐步提高专、兼职工作人员的理论业务水平，以理论与实践相结合的方式打造一支地名文化遗产管理工作人才。

参考文献

专著

刘恒:《略论地名的起源与演变》,北京:测绘出版社,1985年。

褚亚平主编:《地名学论稿》,北京:高等教育出版社,1986年。

罗常培:《语言与文化》,北京:语文出版社,1989年。

王际桐:《地名学概论》,北京:中国社会出版社,1993年。

牛汝辰:《中国地名文化》,北京:中国华侨出版社,1993年。

甘肃省武威市市志编纂委员会编纂:《武威市志》,兰州:兰州大学出版社,1998年。

李如龙:《汉语地名学论稿》,上海:上海教育出版社,1998年。

凌德祥:《走向世界的汉语》,北京:文化艺术出版社,2006年。

刘保全、李炳尧、宋久成、张清华编著:《地名文化遗产概论》,北京:中国社会出版社,2011年。

武威市人民政府、西北师范大学编纂:《武威市标准地名词典》,北京:中国社会出版社,2021年。

论文

李希平:《地名问题的初步探讨》,《西北师范大学学报》,1979年第1期。

张清常:《释胡同》,《语言教学与研究》,1985年第4期。

文朋陵:《聚类分析在地名研究中的应用初探——以苏北村镇命名类型区域划分为例》,《地名学研究文集》,沈阳:辽宁人民出版社,1989年。

华林甫:《中国古代地名渊源解释发展原因的分析》,《中国历史地理论丛》，2000 年第 2 期。

《汉武大帝开辟的河西四郡之一武威成瑰丽地名》，《中国地名》，2011 年
第 11 期。

黄凯：《武威市地名文化内涵探析》，《赤子（上中旬）》，2014 年第 14 期。

程平姬：《婺源方言地名探析》，《现代语文（学术综合版）》，2016 年第
7 期。

许若冰：《改革开放以来甘青地区地名研究述评》，《中国地方志》，2019 年
第 3 期。

王雨菡、党国锋：《基于 GIS 的武威地区乡村聚落地名文化景观分析》，
《贵州师范大学学报（自然科学版）》，2020 年第 6 期。

后　记

为深入学习贯彻习近平文化思想，全面落实党的二十大的战略部署，加强地名文化的保护和研究阐释，进一步担负起新的文化使命、做好新时代新征程宣传思想文化工作，甘肃省社会科学院、武威凉州文化研究院于 2022 年底启动了《武威地名的历史传承与文化内涵演变》的研究写作任务。

鉴于武威地名文化的研究阐释保护是一项全新的工作，我们的写作从地名及地名文化理论入手，进而以地名文化理论认识为指导，对武威地名文化遗产进行系统的研究，并及时将研究成果用于武威地名的历史传承与文化内涵的保护实践之中。通过理论与实践相结合的途径，既研究构建了武威地名与地名文化的理论体系，又有助于推动武威地名文化研究保护工作的不断深入且具有一定成效。

本书首先对地名与地名文化进行系统梳理，对地名和地名文化的起源、生存环境、性质与特征、传承与发展等相关的概念、属性、现状等进行系统的理论阐释；进而对武威地名与地名文化的兴起、运作、成效和逐步深化等进行了系统的总结分析。因此，本书具有将鲜明的理论与实践紧密结合、相辅相成的特质。

该书第一、二、六、八、九章由甘肃省社会科学院副研究员许振明撰写，总数 12 万字；第三、四、五、七章由武威市凉州文化研究院助理研究员张长宝撰写，总数 11 万字。由于地名及地名文化理论研究是文化领域一个新的课题，所以，本书的错误、疏漏在所难免，恳请专家学者和广大读者指正！

作者

2023 年 10 月

总后记

　　武威，物华天宝，人杰地灵。寻访武威大地，颇感中华文明光辉璀璨，绵延传承。考古资料表明，在新石器时代，武威一带已经成为先民生息繁衍的重要地区。汉武帝时开辟河西四郡，武威郡成为河西走廊政治、经济、文化、军事之要地。东汉、三国、西晋时为凉州治所。东晋十六国时，前凉、后凉、南凉、北凉和隋末的大凉政权先后在此建都。唐朝时曾为凉州节度使治所，一度成为中国西北仅次于长安的通都大邑。"凉州七里十万家""人烟扑地桑柘稠"，其盛况可见一斑。宋元明清以来，凉州文化传承不辍。

　　在历史演进过程中，凉州成为了中原王朝经营西域的战略要地。农耕文明与游牧文明、中西方文化、多民族文化在这里交汇融合，形成了在中国文化史上占有重要地位的凉州文化。就历史文化的整体价值和综合影响而言，凉州文化已超越了今天武威这个地理范畴，不再是简单的区域性文化，而是吸纳传导东西方文明重要成果的枢纽型文化，是中华文化的重要组成部分。

　　凉州文化是多民族多元文化互相碰撞而诞生的美丽火花，其独特性是武威历史文化遗产中最有价值、最具魅力之处，也是具有文化辨识度的"甘肃标识"的特有文化，值得更系统、更深入地研究。特别是在新时代，对其进行更深层次的文化挖掘和意义阐释具有重要的现实意义。基于此，甘肃省社会科学院和武威市凉州文化研究院组织跨学科、跨地域的团队撰著了《凉州文化丛书》（第一辑），以期通过历史、文学、生态、长城、匾额、教育、人口等方面的研究，对厚重的凉州文化加以梳理，采撷其粹，赓续文脉，以文化人，为文化旅游名市建设增添文化智慧内涵。

　　《凉州文化丛书》（第一辑）由甘肃省社会科学院和武威市凉州文化研究院

共同商定，确定为2023年院重点课题。我和张国才、席晓喆同志组织实施，汇集两家单位的二十位学者组成团队开展研讨写作。丛书共包括《武威地名的历史传承与文化内涵演变》《古诗词中的凉州》《汉代武威的历史文化》《武威长城两千年》《武威吐谷浑文化的历史书写》《清代凉州府儒学教育研究》《武威匾额述略》《清代学人笔下的河西走廊》《河西历代人口变迁与影响》《河西生态变迁与生态文化演进》十本著作，每一本书的书名、内容框架，都是广集各个方面建议，多次召开编委会讨论研究确定下来的。因此，每本书的书名都具有鲜明的个性，高度概括了凉州特色文化的人文特点和地理风貌。丛书共计一百八十余万字，百余幅图片，主题鲜明，既做到了突出重点、彰显特色、求真务实，又做到了简洁流畅、雅俗共赏，是一套比较全面研究凉州特色文化的大型丛书。

丛书选取武威具有代表性的特色文化或尚未挖掘出的文化元素，进行深度挖掘、系统整理和专题研究，在撰写过程中，组织开展了十多次考察调研、研讨交流活动，每一本书的作者结合各自研究的内容，不仅梳理了凉州特色文化的理论研究，关注了凉州文化的传承与发展现实，还对凉州特色文化承载的丰富内涵和历史进行了深入的探讨，展示了凉州文化融入当代生活的现状，以及凉州文化推动武威特色旅游产业的途径。不难看出，凉州文化为我们深入了解武威提供了丰富的样本，其多样性、包容性、创新性、地域性等特点无疑是武威城市文化的地标、经济财富的源头、文化交流的名片。

文字与图像结合是叙事最基本、最重要的手段，其中图像的运用为我们了解世界构建了一个形象的思维模式，有助于我们更为深刻地认识世界。为了更好地展现凉州文化，丛书在文字的基础上通过大量的实物图像展示了凉州文化丰富多彩的形态。这些图片闪耀着独特而绚丽的光彩，也为我们解读了凉州文化背后不同的人文故事。同时，每一位作者在撰述中对引证的材料都作了较为翔实的注释，一方面力求言之有据、持之有故，另一方面也表达出对前贤时哲研究成果的尊重。

　　丛书挖掘整理了凉州文化中一些特色文化，对于深入研究凉州文化来讲，这是一种新的尝试。最初这套丛书的定位是具有较高品位的地方历史文化普及读物和对外宣传读本，要求以史料为基础，内容真实性与文字可读性相统一，展现武威博大精深的历史文化内涵和魅力，帮助广大读者更全面地认识、更深入地了解凉州文化元素，推动凉州文化的弘扬传承，实现优秀文化传承的主流价值引导和思想引领。经过一年多的努力，丛书顺利完成撰写，这本身是一件很有意义的事情。同时需要诚恳说明的是，这套丛书是一项综合性的跨学科的研究，涉及很多方面的知识，虽经多方努力，但因史料匮乏、资料收集不足、作者学力限制，作为主编者心有余而力不足，很多内容的研究论证尚欠丰厚。希望能够通过这套丛书引发人们对凉州文化更多的关注和思考，探索更多的研究方向，也就算实现了我们美好的愿望。此外，整个丛书撰写过程确实是时间紧、任务重，难免有错谬之处，敬请读者不吝赐教，我们不胜感激。

　　在这套书的论证和撰写中，中国社会科学院古代史研究所卜宪群所长及戴卫红、赵现海研究员，浙江大学历史学院冯培红教授，甘肃省社会科学院刘敏先生，西北师范大学传媒学院院长徐兆寿教授等领导、专家给予了很多建议，为书稿的顺利完成创造了条件。西北师范大学副校长、教授田澍先生百忙之中为丛书撰写了总序言，武威市凉州文化研究院的张国才院长及其他同仁对丛书的编撰勤勉竭力、积极工作、无私奉献，我在这里一并表示感谢。

《凉州文化丛书》（第一辑）编委会

魏学宏

2023 年 10 月

　　魏学宏，甘肃省社会科学院决策咨询研究所所长、研究员。先后发表学术论文 50 多篇，出版专著 2 部，主持完成国家社会科学基金项目、甘肃省哲学社会科学项目及省市县委托项目 10 余项。